东行漫记

China in the Eyes of an Indian

一个印度人眼里的中国

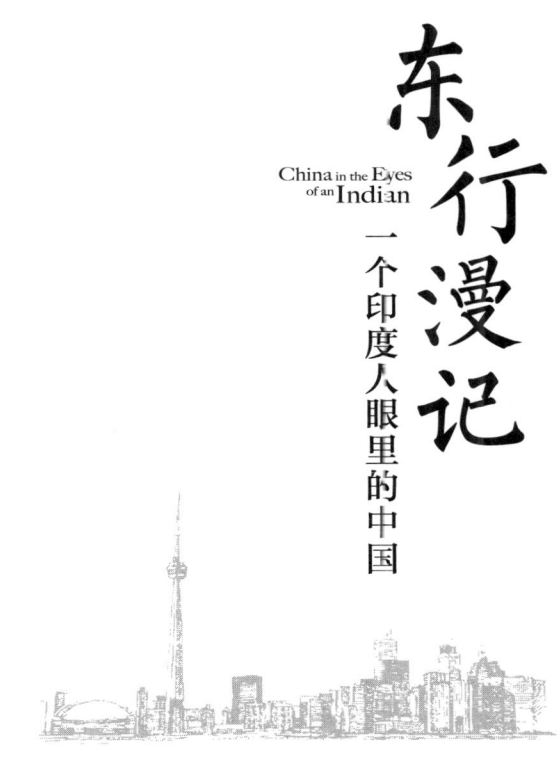

Navneet Kumar Bakshi

［印度］纳维·车马尔·巴克什／著

吴亚洲／译

中央编译出版社

Central Compilation & Translation Press

摘　句

1. 我也乘坐过纽约和伦敦的地铁，那里有湿气和霉味，照明系统的灯光是昏暗的，墙壁上留着年久的污点，但上海地铁的每个地方都光亮耀眼。

2. 2010 年 9 月底，最后两艘船中的一艘被交付。因为只剩下一艘船了，我的合司就要结束，所以我开始收拾行李，准备回印度。之后的一天，我偶然接到一个电话，是一家泰州船厂打来的，我昊断抓住了这个机会。我甚至不知道新的船厂在哪，我只是想留在中国，因为我已经爱上了这个地方。

3. 在印度，如果风没有收受贿赂，一片落叶就只能纹丝不动，落叶动了，骗局就开场了。骗局败露之后，大量的政府部门会调查叶子为什么会动，是如何动的，争论会一直持续下去，直到季节经过一个轮回，又有刚刚枯萎的叶子落到地面，引发新的指控和调查……

4. 过去的那些日子，人们还不曾狂热地获取物质，我们家只有一所房子，而我们的邻居有一台收音机。我母亲 1975 年去世时，我们还没有冰箱和电视。我们从未感到需要这些东西，也从未抱怨我们一无所有。我们只是尽力做好人，我们渴望的成长是成为一个好公民，一个理想主义者，一个有民族和家国情怀的人，这种人还应该有同情心。

没有一个乞丐从我们家的门阶前失落而返。如果没有钱和衣物，母亲会让我们送他们一些面粉。父亲的收入仅够我们的衣食开销。自从我开始工作，我的所得已经多于所需。今天，我不知道我所拥有的一切如何计算，虽然我并不是一个百万富翁。实际上，和我的海员同事相比，我们在商船上待的时间一样久，而我的财富远不如他们，我的生活方式也不会被中产阶级看在眼里。

5. 这是我第二次在夜色中来到上海，还是看不到这座城市白天的壮观。这就好比有人要送你一件礼物，为了激起你的兴奋，他会要你闭上眼睛。庞大的城市完全被灯光点亮，或者说我会说被灯光淹没。

6. 这里的静穆直抵内心，哪怕一个无神论者也会受到感染。看起来，要是你对灵魂的新生抱有希冀，这里就是最好的应许之地。

7. 不久前在昌迪加尔，我曾经和朋友去光顾一家印度咖啡屋。这家店的历史可以从60年前昌迪加尔建立的时候算起，现在，店里的服务员还是店面刚开张时的那班人，陈设和装饰也还是老样子，甚至刀叉、瓷器等餐具也没有变。不过，这家店在城里引起关注，是因为店里付给东家的租金也几乎停留在当初的水平。可怜的东家想收回房屋，然而咖啡屋已经被法院认定为文化遗产。

8. 身在中国，我甚至我的妻子没有一天感到过远离家乡。当然，沟通是一个问题，在我找到印度商店之前，食物也是一个问题，但我们在中国遇到的所有麻烦也仅此而已。我们在中国逛街、购物、讨价还价和在印度一样，只不过这里没有印度的混乱和成堆的垃圾，也没有政客们的口沫横飞。我们从没感到威胁或茫然。

9. 有人曾经开车经过拉贾斯坦邦的皮尔瓦拉地区，我听这个人说，生活在拉贾斯坦邦、古吉拉特邦和中央邦接壤地带的部落妇女也是上身赤裸，至少数年前还是如此。由此看来，现在的女性穿着暴露似乎也不是什么新鲜事。过去，在读一份澳大利亚杂志的时候，我发现了关于这一话题最好的评论，发表评论的大概是一个澳大利亚原住民，他写道，当白人第一次登陆澳洲的时候，在海滩上看到我们赤身裸体，他们惊呆了。白人教我们怎样穿衣，现在我们穿着得体，却看到他们在海滩上大秀白肉。

目　录

序　言　我敬畏中国的变化

当我踏上中国的土地，履行我的第一份际上合同时，我的内心充满惶恐。在上海，我需要从浦东国际机场赶到虹桥机场，然后转乘去定海的国内航班。我当时一句中国话也不懂。甚至现在我也不敢说懂得多少，而据我所知，中国人对印度也知之甚少。你们可能见过一些印度人，但并没有和他们交往，你们对印度人的印象主要来自亲人和朋友讲过的事情。很多年轻的中国女二都惧怕去印度旅行，原因就在这里，这让人伤心。印度男人并不都是强奸犯，然而没有人知道谁是或谁将成为不幸的受言者。所以，如果你有去印度旅行的计划，祝福你的人会给你建议，"千万不要陷入这种泥潭"，这是平安的祝语。

似乎是命中注定，2009 年 1 月我来到了上海，之前我并没有和很多中国人交流过。当时四处洋溢着春节的喜庆，人潮蜂拥一般地往家里赶，争取在春节到来之前与家人团圆。

过去我对中国人的印象并不比对印度同抱更好，如果不是更坏的话。有一件事情坚定了我的这种想法。

　　那时，我正离开一条船加入另一条船。由于是转换船只，我需要完成海关行李检查的手续。我们的经纪方派了一个人来协助我。这个人把我和行李从停船的地方送到机场，在机场我会搭乘航班去另一艘船停靠的港口。我记得是宁波港。这个经纪人告诉我，海关方面告诉他没有必要带我和行李去海关——海关在城市某处一栋多层大厦的高层，交100美元就能把一切办妥。我向经纪人要收据，经纪人表示难以置信，脱口说："你想要海关的收据?!"于是我意识到，毕竟中国海关不会比印度同僚更好。我没有做错什么，却被搜刮了100美元。我痛斥了中国海关，以前我也很多次这样痛斥过印度海关。

　　带着对这些事情的记忆，我在到达浦东国际机场时忧虑不安。我害怕会被出租司机抢劫，我印象里出租司机就是这样。或多或少，世界上所有地方的出租司机都给人一种灰暗的感觉。

　　然而也正是从我到达浦东机场的那一刻，我对中国的印象开始改变。并不是中国人变了，而是中国这个国家变得超乎想象，亲眼看到，你才会明白。眼前的一切会让你怀疑自己的眼睛，然而中国发生转变的事实是可以触摸的，它不是超现实，或者说超现实变成了现实，任何人都会为之感到惊叹并充满敬畏。

　　我觉得中国进步的故事应当让每个人都知道，于是我开始在 Sulekha 网站写博客，有几个印度同胞会读我的博客。一开

始，我在 Sulekha 属于人气不高的博主，我们这种博主的文章
被访问，一般是因为读者偶然的错误点击。多数读者都不相信
我的文章，因为他们像曾经的我一样，也听过那些关于苦难和
压榨、关于贫穷和腐败的故事，他们对中国人有偏见。

　　像我一样，他们认为上海和北京只是展示中国形象的城
市，真实的中国是残酷的、可怕的。所以在我记下我的所见
时，他们都怀疑我。这时我决定买一部相机。我不太知道怎
么拍出好的照片，但是照片可以表达真相，因为相机不会
说谎。

　　当时一些中国人也在读我的博客，不过我并不知道。后来
有一个读者，我只知道他个人资料里的名字叫"世外天堂"，
他告诉我他翻译了我的第一篇博客，然后贴在了一家中文网站
上。我非常感谢他能这么做。有一次他说，全中国已经有大约
50 万人看了那篇博客。那大概是两年以前。不久之后我的文
章开始流行起来，几乎每篇博客都会被翻译并发帖到中文网站
上。我不清楚我现在人气有多高，处于什么层次，不过很多粉
丝都告诉我，我的博客文章在中国非常流行。

　　那么，是什么让中国人对我的文章如此倾心？我现在也不
清楚，不过我感觉民族自豪感是他们喜欢我的博客的根源，如
果中国人内心没有民族自豪感，他们也没有可能取得今天的进
步。我不会夸大事实，我写的都是我看到的，过去是，现在也
是。我经常拿中国和印度做对比，我的国家给了我言论自由，
所以我可以批评印度而无所畏惧。但我的目的并不是要我的国

家蒙羞，我也非常爱我的国家，我希望我的国家能够了解中国的全部，而不是浅尝辄止，这样才能受到启发，学习借鉴，奋力赶超。

我知道，至少未来 50 年以内，我们不会赶超中国，除非中国停止前进，但这种事情不会发生。我们能做的次优选择是向他们学习，并从中获益。这是我的愿景和目标，为了帮助自己实现目标，我已经推出了我的网站。网站是中英双语，如果运营成功，我还想开辟印地语入口。大家在网站上除了可以读我的原版和译文博客，还可以读到关于印度他们想了解的一切。

网站也会提供中印贸易的窗口。我在中国的时候，已经意识到语言是我们和中国的最大障碍。我希望印度人来看看中国，也希望中国人能看到我美丽的祖国，所以我想做一个旅游门户。我的想法是这两个伟大的国家应该走得更近一些，在合作中实现共同繁荣。我希望我的工作能够增进两个文化悠久的国度之间的联系与交流。为促进愿望的达成，我不揣浅陋推出了网站，现在又带来了这本我记录对中国印象的书，向目标再次迈出一小步。

中国人说，"千里之行，始于足下"，现在我已经向着使命出发。

纳维·库马尔·巴克什

2015 年 8 月 16 日

第一章

生活从秀山岛开始

▷▷▶

中国我来了

2009 年 1 月 27 日下午，我抵达上海浦东机场。我像一个迷迷糊糊的乡下人，当机场在我面前蔓延展开时，我惊奇地看着四周，犹如出现了错觉。边防检查的耽搁和海关的搅扰让我有些不安，不过他们的专业精神也触动了我，很快我就来到了空阔的机场外。机场外的天空阴云笼罩。之前我的东家告诉我，从菲律宾过短假回来的现场经理会到机场陪同我。我们会从虹桥机场搭航班去定海，而据说虹桥机场在 30 公里之外。

机场有中英双语的指示牌，标示清晰周详，可以指导你怎样找到公交车站，搭上在两个机场之间开行的巴士，这减轻了我的担忧。在公交车站，有一个看起来像中国人的高个子秃头壮汉也在等车。他打量着我，我也看着他，我想通过他的样子确定一下他是不是我要见的人。要是那个人不能赶来，一个人去虹桥会是对能力的考验，不过 30 年的海上职业生涯让我获得了这种能力——无惧地经过那些陌生的城市，城市里的人说着我无法理解的语言。

我看起来明显就是印度人，但对我来说，他看起来像是中国人的远亲或是有中国血统的人。他先我一步打招呼，很快就做起了自我介绍。他的确就是我要见的人。豪华客车真是太豪华了——如果你不是印度人，可能会觉得这句话很奇怪，但印度朋友都知道我要表达什么。

从浦东到虹桥有一个小时以上的车程。巴士在宽阔的公路上奔驰，我到过的国家有100多个，但以前从没见过这样宽阔的道路。有一座桥架在湍急的河流上，巴士开到桥上的时候，我还在为庞大的立交桥惊叹不已。巴士在桥上跑了40分钟以上。虽然傍晚的车流要慢一些，但对我来说，这好像是我经过的最长的桥。

夜幕降临得很快，随着笼罩而来的黑暗，摩天大楼开始明亮起来，就像在印度的光明节和世界各地的圣诞节中，高楼被灯火装饰一新。这的确是中国的新年，我后来知道这是一年中最重要的节日。不过我也知道，高楼在平日也一样会被点亮。绿色地球的呼声日渐强烈，我搞不懂中国对此是真正支持，还是说说而已。

到达虹桥机场的老航站楼时已是深夜。有很多匆忙的人在准备飞往不同的地方，但所有的通知和广播都是普通话。还好我可能不需要自己搞定这些事情。我和现场经理闲聊着，询问起对方的过往和家庭。现场经理过去也曾是一名海员，他在海上待了很多年，上岸工作之前已经是船长。他能得到现场经理的职位非常幸运，因为当时是中国船运业的扩张期，数以百计的船只被订购，船东要整合出经验丰富的团队并不容易。

基本的现场团队包括一个船体监造师，一个轮机监造师，一个涂装监造师，和一个现场经理。这是检查一艘船需要的最少的人员数量，但船东一般会同时订购很多船只，因此人员数量少则可以是两个，多则可以是 12 个，或者更多。建造一艘船要分模块进行，最后把各个模块组装起来，就像大型的三维拼图游戏。

我们在机场等航班，起飞的时候早已经过了晚上 9 点。到达定海是深夜，我工作的船厂在秀山岛，只能靠渡轮到达，而渡轮没有夜间服务，直到我写这本书的时候也还是如此。我们的秘书告诉我，中国军队出于安全考虑不允许修桥。接下来的两天我还是没能登岛。原因是渡轮受恶劣天气的影响，暂停了服务。

我们最终登岛的时候，天在下雨。我被安排住在一家滨海的酒店。我从没有见过如此大片的海滩，空空荡荡。当时是 1 月底，虽然天气也的确刺骨的冷，但是竟然连一个人也看不到，没有人在大便、小便，没有人在接吻或钓鱼。也没有想赚快钱的警察在这里偷袭和敲诈违法者，当然也没有道德警察抓住亲密的年轻情侣向他们说教，并且以允许他们秘密约会为名索要钱财。

在印度，男孩和女孩之间的约会都是秘密的。恋爱必须保持地下状态，直到两个人牵着手逛商店被偶然撞见，或者被看到一起走出电影院。甚至没有性接触的亲密也是禁忌，会遭到唾弃，最好的情况会发展到接吻、相互依偎，能尝试床笫欢愉的极少。

这就是为什么一个女孩跟一个男孩私奔的新闻爆出后，就像整个地狱崩塌了一般。还有极少的几个例子，女孩与恋人亲密后意外怀孕，最后被逼到自杀或被杀。很多人说印度的情况正在往好的方向改变，但他们自己在改变吗？我们的社会是僵化的、种姓约束泛滥的社会，人们带着现代性的面具参与印度社会新黎明的讨论，面具之后却是一张严厉的、冷漠的甚至残酷的现实面孔，在这种现实里，种姓制度的根源可以追溯到往圣先贤，他们被视为血统之祖，而现在之所以不能废除种姓制度，是因为与种姓关联的经济地位太重要了。

在一些关于社会公平的讨论中，你可能会为辩论者的滔滔不绝而大受鼓舞，甚至一些所谓的先锋人物也会出现在讨论中，这些人用训练过的演讲术向听众介绍性高潮，但是你如果听听他们在自己家里的讲话，你会发现他们也像自己在公开场合痛斥过的人一样心存偏见。

有一次我的侄女告诉我，她上大学的时候，她的一个同学爱上了一个比哈尔来的男孩，并且秘密地结了婚。女孩来自哈里亚纳，这个地方因为习惯处死外嫁其他种姓的女孩而臭名昭著，但或许是远在他乡、寄居旅社的状况鼓舞了她，让她敢于不经过父母的同意就擅自结婚。她和男孩私奔并且假期里在一座寺庙完成了婚事。

不幸的是，女孩的家人知道了这件事情。她父亲是印度行政服务局（IAS）的一名官员，当她在学校的走廊上等待口试的时候，她父亲派来的强壮男人把她拖走，扔到一辆SUV里，然后开车离开了。这就是她的结局，她的同学听到的关于她的一切。

莫拉尔吉·德赛做过很短时间的印度总理。他因为强硬和其他一些不必要在这里提及的事情而闻名。他的女儿自寻短见，因为她要嫁给一个其他种姓的男孩却不被允许。印度社会是如此的顽固和保守，以至于孩子们不得不采用这种极端的方式。

我该吃什么？

酒店外的河水是浑浊的，但是既不脏也不臭。这里有清新的微风和美丽的风景。从第一天起，吃什么的问题就开始困扰着我。事态之严重是我没有料到的。酒店附近没有市场。我不知道中国的晚饭时间是傍晚6点，虽然酒店有餐厅，但是每天在几个客人吃完饭之后就会打烊。而且由于是春节期间，酒店里其实没多少客人。

登记入住后我睡了好几个小时。一觉醒来，我开始为晚餐发愁。我走出酒店，看到了从大山边沿之上露出的月亮，山因为黑色轮廓显得更加可怕。道路幽静，我开始沿着早上出租车带我过来的方向行走。路两边散落着一些房屋，但路上并没有人。远处孤零零的一盏灯照射着下面的一所房屋。这让我看到了一些希望。一个中年妇人在这里经营着一家商店。她性情开朗，问了我很多问题。我一边指着货架上各种各样的商品，一边只是在唇间露着微笑，我谨慎地挑选了一些食品，以解饥饿之苦。

酒店提供早餐，我算是有东西可吃了。为了对付下午餐，我又去商店挑了一些看起来可以吃的袋装食品。在中国，只要你看不懂包装上的语言，就很难知道里面装的是什么。秀山有唯一的中心商场，现场经理说距离酒店很近，还教过我怎样找到那里。

每天吃过早饭后我就去找中心商场，傍晚再找一次。来这里已经三天了，我还是没找到。我走到一个地方，必须确信我还能原路返回，因为迷路可能是灾难，别人帮不上我，再说路上很少看到有人。

秀山像是一个城市远郊的岛屿，这个城市就是定海。去定海只能坐白天服务的渡轮。所以秀山的绝对特色是乡村生活，城市色彩只是点缀。不过，在我驻留秀山的九个月时间里，将其转变为一个城市——有购物中心和广场——的步骤也在大幅展开。往日的平静被工地机械产生的噪音所搅扰，这些机械像一群啮齿动物侵犯了岛的神圣。

从酒店通往一处隧道的路是有坡度的。路的一边有小块的田地被村民用来种庄稼。我看到他们用简单的工具长时间辛苦劳作。很多大的陶罐沉在地里用来收集雨水，因为没有其他办法灌溉庄稼。

隧道另一边的路是下坡，通往一处山谷，并且在某个地方分成两条岔路。就是在这里，我每天出来找中心商场时都会搞错。城镇相对比较繁荣的那边会召唤我过去，因为我觉得商场可能在那边。随后我发现，走这条路虽然也能到达商场，但是会绕远，另一条路要更近些。头三天我没有找到商场，第四天成功了。商场离分岔的路口不远。

从隧道出来，立马就能看到一个漂亮的池塘，水面在和风中轻颤，犹如恋人的触碰激起身体的战栗。太阳要越过山顶才能送出清晨的一吻，阳光下池水的微波静静闪烁。我经常是在吃过早饭后去找中心商场，没有我最喜欢的早茶是一种缺憾，在我过去的生活中，早茶预告清晨的到来。不过，看到晨光与涟漪嬉戏的景象，我总能从缺憾带来的忧郁中振作起来。

看到切好的蔬菜摆在门廊上晾晒，我想起了印度的家。为了增加收入，人们种植所有能种植的作物，甚至把面积很小的平坦地块也利用起来。这里只有一家百货商店，属于中国的一家连锁超市华联超市。其他的商店都是你能在印度任何一个乡下街市中找到的那种。我找到商店后立刻要做的是买一些早上吃的甜点，一些方便面和牛奶，还要找一家理发店。

方便面厂商在中国的生意风生水起，他们的技术已经臻于完美，泡面的时候你除了加热水什么也不用做。印度人的确为辨别油脂包和肉粒包所困扰，料包上难得有英文写的标注，虽然写错也总比不写好。我在信守宗教规定方面的态度是灵活的，尽管方便面料包里可能有牛肉之类的念头会出现在我的脑海。

要是吃一种肉有罪，吃别的肉也应该有罪。上帝不能因为我是一个选择性的非素食主义者就惩罚我，何况我只是吃了一点脱水的牛肉粒或动物油脂。所以我慢慢地放下了顾虑，不同的日子我会选择包装不同的泡面。有些包装上是鲜肥的对虾和蔬菜，有些是厚厚的肉块，不过我看不懂上面写了什么。

有时候我打开包装，发现味道非常恶心，但为了充饥我不得不吃。有一次我买到的泡面包装上是细细的面条，里面有些东西却像钢片的碎屑。我试吃了一下，味道糟糕，实在难以下咽。我这样对付了几周，然后恳求一个菲律宾涂装监造师带我去一次定海。我梦想能够找到一家印度食品杂货铺或者一些包装食品。

定海的商店里没有我想要的东西

渡轮在白天几乎每半个小时就有一班，但返回岛上的最后一班是傍晚6点。错过这班渡轮就意味着要在定海过夜，如果天气变坏则要滞留更久。渡轮是岛和大陆的唯一联系，因此也是生命线。过河大约要花掉20分钟。然后人们会去争抢等候中的公交车和出租车。去市区还有半个小时车程。这里的地形是山地，有很多溪流和池塘，不仅整洁，风景也优美。在一些山坡上，我发现树木都被栽成整齐的行列。我这么想连自己也很惊奇，但是在我读过彼得·海斯勒的《寻路中国》后——他提到人们掘毁在光秃的山坡上重新种树，我相信中国话里所说的"一切皆有可能"。在我还没有见过中国的其他地方之前，我已经得到了对中国的最初印象，我甚至还不了解定海这个我唯一容易接近的地方。

公交车上混杂了农民、新市民，还有零星的几个外国人，有人好奇，也有人不感兴趣。傲慢的新市民在周身制造光环，试图让自己和乡下人保持距离，他们被迫与乡下人分享共同的空气。

到达城镇时是中午，我的同事军说我们应该先吃午饭。我知道菲律宾人一天吃五顿饭。我是从过去和我一起出海的菲律宾船员那里听说的。但是我们印度人和英国人一样，一天只吃三餐。我们去了一家韩国餐馆。虽然这不是我之前惦记的，但毕竟不用再吃泡面了。

城镇出奇的小，我没有看到任何高楼和大型购物中心。这里的街市和印度很像，路两边都是成排的商店，超市购物车侵占着街道。我使用了公共卫生间，卫生间的干净清洁、保持良好令我印象深刻。厕纸和肥皂都有，干手器也能正常工作。即便在印度最好的公共卫生间，甚至在欧洲、澳大利亚和美国，这也是超乎想象的设施，更何况在这里是免费使用的。

　　垃圾桶按一定间隔摆放，遍布整个人行道，而且似乎是定期清理，没有溢出的现象。我想买滑石粉和身体护理油，再买一套睡衣。我逛了很多商店，以为能找到需要的东西，希望看到它们会被摆出来展示，但是并不太成功。我不得不用手势表达自己，同时想着不要让自己显得奇怪或下流，也不要让人（这些人都是女人）得出我是疯子的结论。

　　并不是我乐于在女人面前表现自己，刻意选择这种商店，而是几乎所有的商店都是女人在经营。哈哈哈……我是不是应该把这些商店称为 womanned（女人的）？甚至由词典支持的最新版的微软 word 文字软件也在这个词上加了红色波浪下划线①，不过，虽然微软现在不承认我造的词，但是由中国给世界定规矩的时候已经不远了。

　　几乎所有的中国商店里都是女人站柜台，男人负责进货。餐馆由家庭或者外加亲戚来经营，女人管厨房，男人跑堂和收账。多数印度女人只负责家里的事情。丈夫外出工作的时候，她们待在家里做家务劳动。这种情况在受教育阶层中正发生变化，女性和男性进行职业竞争并且掌握着很多管理职位，甚至是公司和政府部门的高级职位，不过你看不到家庭主妇和她们的丈夫共同经营一家商店。

　　我能想到的一个原因是印度烹饪非常耗时。在中国，所有切好的食材可以混在一起，颠炒五分钟就可以开饭，而在印度

---

　　①　用来提示拼写错误。——译者注

每一餐都是持久战。做饭要用到那么多器具，一天要冲洗两遍。除此之外，清洁，打扫，抹地板，给架子上的物品除尘，沐浴，在家里和寺庙里花时间祈祷，买必需品和打折促销的非必需品，参加 Kitty parties① 和关照孩子的家庭作业以及其他需要，整日看无聊的 Hindi TV 连续剧，这些事情占用了她们大部分的时间。

用手势表达滑石粉比表达按摩用的身体护理油要容易一些，因为在女人面前，任何类似按摩的动作都会让她们吃惊，而对男人来讲，按摩院可能是 KTV 之外最受欢迎的满足冲动和欲望的地方。卖淫在中国是法律禁止的，但是我不确定法律的执行是否严肃到位。按摩院本来是提供按摩的，但有的不止提供按摩。按摩进行到何种程度取决于你的腰包。我应该多讲讲我的经验，间接体验的愉悦能带来有趣的启示，读者因为好奇、想了解更多，也会一直对我着迷。

滑石粉不容易在中国找到。除了强生公司的婴儿爽身粉可以买到，我认为任何知名品牌的化妆品厂家都不在中国制造和销售滑石粉。很长时间以来，我在美国和欧洲商店的货架上也看不到滑石粉。或许研究发现使用滑石粉能增加患癌风险，因此它被某次消极的运动抵制使用了。但是在印度，所有顶级的化妆品公司都参与这块馅饼的分享和竞争。

---

① 印度家庭主妇们的社交聚会。——译者注

印度人的意识和觉醒层次很低，甚至在产品被证明有害之后，也不可能将这些产品完全清出市场。例如古卡烟或者帕安·玛萨拉烟，这些烟混合了嚼烟、香精和槟榔，虽然有潜在危害，但没有规定能禁止它的使用。只有含有滑石粉的石棉才会致癌①，但印度人不像西方人那样会猜疑，所以至今还在放肆地使用滑石粉。

我们印度人把死亡视为上帝的意愿，我们相信即便一个人竭尽所能、拥有世上最好的条件，他/她死亡的时间还是命中注定的，什么都救不了他/她，在此之前也没有人能夺走那个人的生命。印度的气候炎热潮湿，保持皮肤干爽很重要，所以我们需要滑石粉。

我在每一个商店里用手势比划着，在身上洒满了看不见的滑石粉，但他们就是不明白，因为他们想象不出自己从没用过的东西。最后在一家商店里，有个妇人拿给我一包粉，看起来像是假冒廉价的强生婴儿爽身粉。我连睡衣也买不到，真不知道中国人在床上穿什么，还是他们像西方人那样习惯裸睡。不过好歹我买了一条短裤，然后我们急忙去赶6点钟的末班渡轮。

---

① 说明滑石粉可能是致癌物质。——译者注

第一章
生活从秀山岛开始

我有了自己的公寓

大概傍晚6点钟，船厂的巴士把我送回了酒店，那时候是2月，回来的时候天已经黑了。我已经要了出租司机的手机号码，那辆出租车我以前搭过，号码是同事帮我要到的。因为能叫到出租车，我的生活稍微容易一些了。我不需要对司机讲话，只要拨通号码她就会过来，其余的交流可以用双手、头和手指来完成。

船厂外面一直都有很多摊铺、手推车和棚屋商店，工人日常所需的一切都能在这里买到。早上会有一排手推车，卖白嫩的热包子、水饺和中国人爱吃的其他早点。一天早上我来的时候，发现一个中国小贩在卖像印度面饼一样的东西。（印度面饼是在炉子里面烤出来的，需要手工熟练的师傅把生面团压成的湿饼贴到加热的炉子内壁上。）我想买一些带回家，但是傍晚的时候小贩已经不见了。问过之后我才知道中国人只在早上吃那种面饼。

有些印度船员前来接手一艘新船，也被安排在我住的酒店里。他们带来了很多提前做好的印度食品，出海之前剩下的一些就给了我。所以周末的时候我偶尔会享用一下印度咖喱。

单靠一个手提箱，在酒店住几天还好，要是长住就很成问题。所以我开始寻找公寓。我还买了一辆自行车，方便出行。成群的房子遍布岛屿，像一个个社区。街道是水泥混凝土浇筑的，岛上所有的路都经过铺修。村子和整个岛屿非常清洁而且保持良好。

收垃圾的工人从早晨开始工作，到处都能看到他们拖着小型的车子。中国的治理体系非常高效，我不知道它是如何运作的。人们的高效不可能仅仅出于对惩戒甚至失业的恐惧。一定程度的自豪感，一点爱国主义精神，和一种为社会公益付出的成就感，我认为这些才是其中的关键。当这些缺失的时候，任何报偿和高薪，任何哄骗和劝诱都无法奏效。

我最后决定租下的房子在一个小村的边上。房子门户独立，占地 60 到 70 平方米。按中国的说法，地面的一层（ground floor）叫一楼，那里有厨房和卫生间，客厅兼作餐厅，卧室在楼上——我们叫一楼，中国人叫二楼，包括一个主卧和一个给孩子用的小型次卧。主卧的阳台非常适合静坐和沉思，也适合欣赏日落，夕阳会从广阔的田地和海面之外远远地落下，最后只剩下地平线上一道朦胧的光影。

房间的挂毯、床单、床罩和被子都是精心挑选的，那种热烈浑朴的风格与村民的观念、品味非常和谐。晚上这里像太平间一样死静，整片地方都被黑暗的寿衣所吞噬。我很不习惯这样漆黑的环境，在如此寂静、阴沉、可怕的世界里，我只有开着卧室的灯才能睡着。有一次，邻居的女孩子问我为什么总是开着灯，她装作要用电脑工作，其实是要和我对话，我伸着两根手指做出头上长角的样子，她对我微微一笑，表示看懂了我的意思。

我一直就怕黑。我还很小的时候，我们家住在一个叫西姆拉的山城。我在博客里写过很多小时候怕黑的事情，印象最深的是我不得不在关灯之前强迫自己小解一次。其实这是我妈妈的规定，我必须遵守。即便我刚刚小解过了，即便我当时不想小解，总之，任何理由都不能让她放过我。厕所在房屋一个非常偏僻的角落，要经过厨房和走廊，几乎就要到大门口了。

不幸的是，光只会沿直线传播，卧室的灯光被90度的房屋拐角挡住，照不到走廊和其他所有的东西。我能看到的只是落在厨房地板上的灯光，但是光在我的后面，我不能挪动步子盯着它看。所以小解的时候，我会让妈妈不停地对我讲话。现在听起来可能会让你们发笑，不过当时可一点也不好笑。

对我来说，对付任何类型的黑暗都不好笑。我害怕黑暗，为了战胜它，我会在心情阴暗的时候对自己唱歌，我会向我见到的人传播乐观的情绪，当黑暗吞噬着他们而我实在无能为力的时候，我会把手放在他们的肩头和他们一起流泪。我的写作也是为了驱逐黑暗，我相信照亮我内心的指引之光也能够为所有消沉的灵魂点燃希望。

因为现在有了厨房，我开始做一些接近我味蕾习惯的、美味可口的东西。为了庆祝乔迁之喜，我请来了一个中国人，是我在履行职务时偶然结识、有过来往的，我也请来了和我一起工作的菲律宾司事。房东和他的妻子是我的得力助手，我曾经借助大费周章找来的翻译和他们交流，但实际上我主要还是用自己的手势和符号。为了让他们帮我弄到几只鸡，我像公鸡拍打翅膀一样拍打双手，但是因为他们不明白我的意思，我只好学鸡叫。这件事完成之后，我开始尽我所能模仿山羊的叫声，但是他们猛烈地摇头，表示不可能弄到羊肉。实际上，在岛上很难买到肉。人们需要什么都得去定海买，而且直到那时我才知道，中国人最喜欢吃的肉是猪肉，羊肉不是他们的首选。

我有一个做兽医的朋友，最近想出了一个向中国出口水牛肉的计划。他告诉我，中国对水牛肉的需求很大，印度人不吃水牛肉，却有相当多的水牛，它们在印度是主要的奶源，同时也是被驱使的役畜。印度的水牛生活在自然栖息地，相比农场里养殖的水牛，肉质更加鲜美。由于认识到全世界对印度肉制品的巨大需求，多年以前印度政府已经允许设立100%以出口为导向的肉食加工厂。

从那时起，肉类产业在印度的发展突飞猛进，因为印度的牛肉不仅鲜美多汁，也远比世界上任何地方都更加便宜。在几年前口蹄疫爆发之后，中国禁止了来自美国和欧洲的肉类进口，为满足国内迅速增长的需求，同时与印度签署了一项贸易协议，但协议至今未能生效。

不过话又说回来，甚至早在这项协议的构想萌生之前，印度的水牛肉就已经通过其他渠道端上了中国的餐桌。惯常的做法是转道越南。牛肉在印度装运后发往越南，然后流入中国。

第二章

独自去定海

▷ ▷ ▶

节俭的人们爱吃肉

我已经开始理解为什么中国人要种植一切可以种植的作物，还要利用一切可以利用的土地。甚至一小块土地也要种点什么。很多中国人对极度的痛苦和刚刚摆脱的饥饿记忆犹新，并且还在疑惑当年的"大跃进"是否真的到了危险的边缘。幸运的是，他们在历经劫数后看到了弃旧图新的中国，只不过人们对于失去一切的恐惧已经在内心留下伤痕，这是国家的理性和繁荣所无力修复的。

我房子的前面刚好就是附近片区的街道。一些邻居会在广场上闲坐直到深夜。我卧室的灯光能照到广场上，不过他们丝毫不介意黑暗。多数人散去后，还有几个邻居坐在那里聊天，我会走过去把一些废品送给他们。他们接受的时候总是满心欢喜。早上起床的时候，我看到邻居老妈妈在挑拣别人丢弃的瓶瓶罐罐，她的大房子和我寒碜的公寓只隔一条马路。

看到之后我感觉吃惊和不解，因为她是别人羡慕的对象，她有那么好的房子，而她的房子周围都是砖头和砂浆砌成的茅草房。从房子的大小可以推测，她的家庭是这个地方最富有的。后来，我在中国又看到很多体面的人，为了赚些零花钱买红双喜香烟，或者为了让幸福感有机会在麻将桌上翻倍，他们都会去翻捡垃圾箱，没有人觉得这样有失尊严。这样做确实没有什么值得羞耻的，但骄傲的印度人宁可挨饿也不愿意被看到做类似的事情。印度男人把酒撒在桌子上的时候，总是心安理得地支使妻子——所谓的"金牌冰人"——去擦干净。

我的中国邻居使用水电时非常节约。节约是因为中国的水电费很高，一般人不易接受。我不确定多数人在冬天是不是会洗澡，也不确定他们的家里有没有热水器或者空调。只有少数人家的屋顶上有太阳能热水器。一些人家里有水井。夏天到来之后，有时候我骑车从船厂回来，会看到一些人在洗澡。应该说是擦洗才对，因为他们一般是把毛巾在水盆里浸湿，然后用湿毛巾擦洗身体。用这种方式洗澡非常节约，但也许我看到的这种现象仅仅是个案，在中国不具有代表性。但是就这种洗澡方式而言，像我一样的印度人会觉得这样洗一百遍也不会干净。

在保持清洁方面，印度人认为上厕所就要洗手，否则就觉得不卫生。但凡是有水可用，每个印度人都会奢侈地享用，水的确变得越来越奢侈，不仅是因为水价越来越高，更是因为可用的水越来越少。现在我们印度人仍在大肆地浪费水，我们还没有完全形成对错的观念。

昌迪加尔是我生活居住的城市，也是印度少数几个拥有污水处理厂的城市，经这些工厂处理过的水会被用于灌溉。从技术上讲，这种水比从水龙头里流出来的生活用水还要干净，被用来灌溉庄稼，然而有很多人因此嘲笑别人用粪水浇灌自己心爱的植物。我说的是真实的事情。有一次我和一个朋友的母亲谈起这个话题，是她告诉我的。她肯定表达了人们的普遍情绪。

再来说秀山。有一小段路从街道延伸到我的房前，一条深沉的黑狗会在路中央静坐，像是思索着自己的前世和再生。它经常摇着尾巴来到我的门前。大概它觉得有人谈心是一件开心的事情，或者它需要一个可以信赖、让自己有安全感的人，但是它从来也不叫。村里还有其他的狗，所以我认为它们可以自由、无惧地游荡，然而它们的生存被设定了严格的规矩，愤怒和不满都必须是无声的，否则它们会就此消失。我经常思忖，这是不是中国社会的普遍法则，这种法则是不是已经施加给了所有生物，但是没有人回答我的询问，因为回答意味着表达自己的观点。

除了在广西，狗肉在中国所有的省份都不是随处可得，而在广西的玉林，狗肉节会在每年的夏至举行。彼得·海斯勒在《寻路中国》里面提到过一个王先生，彼得·海斯勒向王先生租过车。王先生告诉他，如果一个中国司机撞死了一条狗，他会把狗拖进汽车的后备箱，然后带回家吃掉。我不知道这个事情的可信度有多高。一些和我交流的人很忌讳谈起这个话题，但是我的同事告诉我，中国各地都有提供狗肉的餐馆。我在泰州的肉铺就曾经见过被屠宰的狗。

另一个同事告诉我，在不久以前的江苏省，长江岸边曾经有很多呱呱求偶的青蛙，但闻声而来的捕杀者却将它们送上了餐桌。这些青蛙丧命之前都没有体验到交欢的愉悦，它们可怜的伴侣也还是处子之身。

真的很悲伤，即使它们得到了永生，可以在天堂的门口一直等候遇难者的出现，结束它们所遭受的诅咒。我也为雄性青蛙感到难过，它们所犯的致命的错误只是不应该高唱情歌。但是在中国，你不能在任何人面前表示难过，因为没有人能够理解。

坦诚地说，我不觉得一个肉食者吃狗肉有什么错，中国人更不会觉得这种事情有任何耸人听闻的地方。但是在印度，你会看到这种事情引起的轩然大波。如果你有一天很倒霉，在驾车的时候意外地撞到一头牛，而且牛意外地死了，你会希望死去的是你自己，因为人们无论如何都会杀了你。实际上，撞死牛的情况很可能发生，因为印度的牛总是在优哉游哉地漫步。

印度的神灵与众生

在印度的旦视频道，早上观看最多的节目是全天的占星预测。这些预测基于你出生时的征象。但这还不是全部。印度占星术有几千年的历史，按照占星术的说法，不同的神灵掌管着不同的行星，这些行星在你的出生图中分别占据着不同的位置，形成所谓的星象。真正的悲剧是，所有这些行星都在不停地运动，它们像国际象棋棋盘上的棋子一样在你的星象图中每天变换位置，而且因为这些天体出现的位置可能是不吉祥的，所以每一天都可能给你带来麻烦。

继续深入类比占星术和国际象棋游戏。在象棋游戏中，一个小棋子就能消灭国王，而在星象的"棋盘"中，你的一天，一年，甚至一生，也可能因为一个重要棋子（行星）出现在错误位置而毁于一旦。你不是棋子，也不是棋手，但是在你出生的时候你已经拥有了一个棋盘，你所能做的一切是搬弄手指，或者是祈祷，变戏法，忏悔，或者是做一些滑稽的动作取悦神灵，因为神灵是星象的掌控者。

印度的一些神灵是和善的，和罗马、希腊的神灵类似，也有一些神灵喜怒无常，不过所有的神灵都有各自的弱点。他们的优点是会将得到的供奉和祭品记录在案，他们都有一些俗常的好恶，很容易被取悦或激怒。想要取悦而不是激怒神灵，你需要一个占星家，他会告诉你在特定的一天什么该做什么不该做。按占星家的指导取悦神灵，就能避免那些出现在错误位置上的行星带来恶果。

这就是专业的占星家每天早上要做的事情。他们告诉人们取悦神灵的技巧。这些技巧可能像给奶牛喂菠菜、给黑狗喂腐坏的印度面饼一样简单，也可能像右手执槟榔叶、单腿登上珠峰峰顶，然后向着太阳祈祷一样，不可实现。

我之所以要做这样冗长的介绍，是因为一件我朋友告诉我的事情。他告诉我，曾经有一天，在德里的一条小路上发生了一次交通堵塞，这条小路连接着居住区外的那条路，道路堵塞的原因是几个穿套装的男人在他们的豪华轿车旁给一头牛喂菠菜。他们把车停在路上，是因为牛刚好站在那里等着它的信徒来喂食。印度人为了取悦上帝会做很过分的事情，不过这不是本书的主题。

我们可以接着给牛喂菠菜的事情谈一下印度人的饮食偏好。一些印度人只吃鸡肉，其他肉食一概不碰。一些人吃鸡肉和羊肉，但对猪肉和牛肉避之不及。还有一些人吃牛肉却不吃猪肉。也有完全不吃肉的人，这种人有的吃鸡蛋，有的干脆只吃蔬菜。一些挑剔的素食者还可能将洋葱和大蒜拒之门外，而那些耆那教信徒所遵循的饮食法则是最为苛刻的。耆那教的信徒不吃土豆、萝卜、生姜、洋葱、胡萝卜、甜菜根，只因为这些蔬菜都生在地下。这还不算，因为按照他们的教规，他们不应该吃任何可能生虫子的蔬菜，因此也可以推测，他们是压根不会吃肉的。日落之后他们就不会再吃东西了，而且为了防止吞食或踩死昆虫，他们总是佩戴一副口罩，像苦行僧一样地赤脚漫游。

我不知道要是这些耆那教信徒受到细菌或病毒感染会怎么办，就像我看到中国人费力地吮吸贝壳上的肉时也会感到困惑。作为一名工程师，我会计算一下他们吃这些小东西时所消耗的能量是不是抵得上从这种食物中吸收的能量。净增的能量是多少？不过这种计算在中国毫无意义。中国的鸽子不敢留在地面上，有些餐馆的玻璃容器里盛着一种小鸟做成的汤，我想了好些天才断定是鸽子，这种可怜的小鸟吃起来还不够塞牙缝。我在中国的时候很少见到鸟，而且从来没见过乌鸦和老鹰。我怀疑它们是不是灭绝了，不过中国那么大，难道没有它们的存身之地？

中国会堵住西方人的嘴

我有很长的一段时间没在 Sulekha 网站更新博客。我在这个网站注册的时候大概是 2005 年，因为我在船上工作，长期离家在外，所以博客只是偶尔更新。来中国以后我用听歌、找人聊天、上网打发时间，有一天突然想起了我的博客。我想把我在中国看到的事情记录下来，那时候我还不知道我对中国的了解是微不足道的。我甚至连中国的一瞬间也无法看清，现在的中国是怎样的，十年前又是怎样的，这个国家所经历的动荡、觉醒、流血、反思，都是我不了解的。

历史造就了当代中国，但我对于中国的历史所知甚少。我写的第一篇关于中国的博客大概是《狗在中国不叫》。中国的狗的确不叫或者很少叫，我不清楚为什么。评论的人说中国人切断了狗的声带，而在网上也确实可以找到很多这样的故事。你可能会说这真是残酷的悲剧，不过我不确定这种说法是否真实。为了避免狗叫带来的麻烦，一些在公寓里养狗的人也许需要采用这种残忍的方法，但是像我居住的那种地方只有一些野狗，这些野狗甚至都不能驯养。这就是我感到不解的地方，我的第一篇博客的标题也就是这样确定的。不过标题只是一个比喻，我并不是想在文章里探讨狗为什不叫。

我博客文章前面的部分是这样写的：

　　来中国之前，我多少有一些担心，主要是因为我和中国人聊天时遭受过诽谤。我们印度人的问题是太过多言，可以即兴就任何话题高谈阔论。我们不需要对某个话题了解太多，甚至可以是一无所知，也能发表一通长长的演讲。我们生来就是领袖，天生就有领导的才能。这样我们就不需要充分了解一些事情，何况我们的大脑里也没有多余的灰质细胞用来顾及那些无关紧要的事情。

　　"老而智慧的猫头鹰，坐在橡树上//他见得越多，说得就越少//说得越少，听得就越多//我们有什么理由不喜欢　——无名氏"

我必须说，这个无名氏真是一个蠢货。因为猫头鹰在印度人眼里是不聪明的。实际上，把人叫作猫头鹰在印度会惹来麻烦。同样，你也不能把任何人叫作乌鸦、秃鹫、老鹰或者麻雀。如果你认为我们印度人讨厌鸟类，你可以试试猪呀、驴呀、狗呀之类的称呼，不过你会发现我们对地上的动物也没有好感。其实我们讨厌大部分动物，除了镜子里看到的那位朋友，我们尤其不待见用两条腿行走的动物。

你倒是可以说某人是一头牛，因为牛是神圣的，所以你不用担心有人会对你破口大骂。不过你不能把人叫作"Saand"，这在印地语里是野牛的意思，会被视为不敬和冒犯。另外，把一个人叫作猴子也多有不妥。

现在，还是继续说说能言善辩的印度人。有一位姓名不详的作者说，"多数人不太注意别人的讲话，而过于关心自己的表达……"我就是这样一个印度人，说得多听得少。其中一个原因是我听的时候很吃力，说的时候则滔滔不绝、不由自主，作为自我防御机制，这样做能使我感到放松。

所以，两年之前当我要来中国工作的时候，我的想法其实是带着一定程度的偏见的。这让我置身于一个极为被动的处境中。我的口才从隐形资本变成了无用之物。在上海浦东机场落脚的那一刻，我变得张口结舌。并不是说我失去了控制声带的能力，而是我的口中唾液干涸，舌头黏滞得像一块口香糖。我从未见过如此漂亮的机场，比我之前的想象更有气势。

震惊之余，我想知道这个国家要去向何处。如果他们前进的步伐能够持续，他们就可能成为世界的繁荣之巅，就能够以五星红旗主宰世界。

彼得·海斯勒在他的《寻路中国》中这样谈到他所目睹的中国的飞速进步：

> 在中国，迷路并不是一件特别糟糕的事情，因为没人能够知道他们究竟要去哪里。1996 年夏天，当我作为和平护卫队的志愿者第一次来到中国，我立刻深深感到了自己的无知。语言、风俗、历史——所有这些都需要学习，并且似乎是一个不可能完成的任务。从我的角度来看，这里每个人的头脑都来自三千年前，我感到无力捉摸……

我的情况和彼得·海斯勒有所不同。他来自一个几乎没有历史和文化的国家，而我则背负着一个历史文明大国的文化遗产，这份遗产至少和中国一样古老。

马丁·雅克在他的《当中国统治世界》一书中，对中国的情况从每一个社会和经济视角进行了透彻的分析。他说"世界，尤其是西方世界一直对中国的崛起持怀疑态度，总是对中国的失败抱有一半期待……"

西方的观念是，他们的路径是通往繁荣之巅唯一的正确路径，每一种模式都必须顺从他们的模式才能最终成功。中国将证明西方的批评是错误的，中国的成功将堵住他们的嘴，这是我的预测。

我工作的船厂归日本人所有和经营。我不知道为什么会出现这种事情，为什么现在的中国人还要为日本人打工。据我所知，船厂所有的管理人员都是日本人，他们聚居在一座幽僻的山上的一栋楼房里。不过他们去船厂的时候和所有工人乘坐同一辆巴士。虽然我发现他们也有敬上的观念，下属会主动给上级让座，但是对我这个印度人来讲，管理层和工人坐一辆车已经很新鲜了。因为在印度这是绝对不可能发生的，公司的老总也不会和普通的经理同车出行。虽然我没有在印度的船厂工作过，但我可以肯定所有的领导上班都有自己的专车，而在这里的船厂我从来没见过私人汽车。

我第一次见日本人是 1976 年，那时我随一艘货船从印度东海岸去日本的港口。他们的纪律观念和奉献精神令人敬畏。当时日本的经济正蓬勃发展，而我得到了一个游览日本的机会。因为我上了另一艘船，那是一艘非常大的散装货船，在日本和澳大利亚之间往返，它把澳大利亚的铁矿石运给像三菱一样的日本大公司。在日本，运来的铁矿石在一侧的海岸卸载，日本公司生产的产品则在另一侧的海岸装船出口。

散装货船在日本会进入船坞，我在这里看到日本人工作非常有条理。早上，所有职位和级别的员工都必须在厂院里集合，每个人都站在指定的地点，然后做半个小时左右的体操。这样的场景会让你想到学校生活。

船厂里的日本人遵循着学校生活一般的条理。我算不上一个格外注重健康的人，但我的父亲很有健康意识，我童年的时候动不动就会招来他的斥责，不过他始终没能让我认清定期锻炼的重要性。现在我强烈支持这种锻炼。当一个人意识到他父亲是对的，就会发现自己是一个傻瓜。

健美操是所有管理人员和技术人员的必修课。每次有两三个人会留在办公室，有些人因为某种原因不能进行体育锻炼，其他一些人清扫房间和楼梯。每天上楼的时候，我都会看到有不同的人在清扫走廊和楼梯。

后来我在泰州也见过人们在工作场所做保洁，甚至外面的引道也会被照顾到；路过派出所的时候，我还看到穿制服的警察也在清扫门口的道路。我认为这种事情其实是被当作仪式来进行，一些人拿起扫帚只是做做样子，为的是看起来和别人一致，不过问题的关键是，如果他们这样做只是为了服从指令，为什么没有人提出异议呢？在印度，一个行政官员根本不会做这些事情。印度官员可能会把政府的财政金库清理干净，但指望他们打扫办公室，就是象征性地拎一下扫帚也是不可想象的。

扫地、洗衣服、擦地板是最低等的工作，被别人看到做这种洒扫洗涮的事情，一些人真会羞死。所以在印度，这种工作至今都是社会中低等种姓的人在做。很多印度人一边制造着大量废物，一边谈论着治理者的低效和懒散，他们指责治理者对路边堆积的垃圾视若无睹，却不肯劳驾自己拿出行动。

如果有社会组织在某个城市发起一次行动倡议，我确信一定会天下大乱。印度政府和环保部门根本不会做这种事，他们顶多只会发动学校里的孩子，因为学生在任何国家都是最顺从和最有爱国精神的。不过，父母如果看到自己的孩子做这种粗活，一定会怒不可遏。2009 年，印度政府通过了儿童有权享受免费义务教育的法案，根据法案，每个孩子都有受教育的权利。就此，印度最高法院向所有学校发出指示，要求为底层社会的孩子保留一定比例的免费入学名额。

这种做法遭到了很多父母的抗议，因为他们不希望自己的孩子与底层社会的孩子混在一起。我确信法案的精神并没有得到延续，虽然法案本身可能不会被撤销，但它会受到更多的诅咒；我确信在那些富家子弟集中的所谓的好学校，法案不是在执行而是被搁置冷落并悄悄遗忘。

定海的聚会和药店

现在，我骑车在周围到处游逛。我看不到任何垃圾，这是个风景秀丽的地方，有一些小山和隧道。不过这些小山正在被迅速削平，以便给宏大的工程计划腾出空间。远处可以看到一两台推土机在奋力工作，但是并没有热火朝天的场面，你看不到大量的工人和卡车在忙碌，只是两台机器在连续施工罢了。

夜里则是另一番景象，由于整个工地灯火通明，你会发现工程占据的地面几乎是无限向远处延伸。后来我才知道，全中国有数以百计的大工程在进行，和它们比起来，这只是一个小型的项目。

随着对周围环境的熟悉，我已经能够更加自信地独立应对生活中的事情，不过我还从没去过定海。自从我办过一次聚会之后，一些女孩子对我们检查组的三个人友善有加，三个人中的另外两个是阿玛先生和陶先生。女孩子一共有五位，但是她们的名字我一个也记不住了。阿玛先生是菲律宾人，陶先生是负责和我们对话的中国人。几个女孩子邀请我们去定海共进晚餐，这意味着我们要在定海过夜。虽然并不是说要彻夜狂欢，但是对一个保守的印度人来讲，这仍然是一次大胆的邀请。聚会非常成功，第二个周末我们也回请了她们。聚餐后我们去KTV唱歌、喝啤酒。

她们在KTV跳了舞。舞蹈是印度文化非常重要的一部分，我认为在中国也是如此，而对于西方来讲则不然。在印度，只有节日和庆典的时候人们才会在户外跳舞，而中国的每一个城市都有标志性的露天广场，人们晚上会在这里跳舞或学习跳舞。从上海的中央大道到陆家嘴，人行道和广场上可以找到数百个跳舞的地方，周末的时候，在这些地方看小孩子学跳舞自有一种乐趣。有些人会在这些地方演奏乐器，有时演奏甚至是陌生人合作完成。真正让我激动的是，有一天当我在秀山岛深入探索时，我发现岛上也有一个类似的广场。

我的那个菲律宾同事和年轻的中国同事都能够自在地享受舞蹈，可以说如鱼得水。菲律宾人被欧洲人统治的时间像他们的记忆一样长，后来他们国家又成了美国的基地，一直到现在也是如此，所以他们谈不上有自己的文化。而当代中国也在大张旗鼓地接受并模仿西方文化，在中国，认同激进的现代派是必要的。

尽管这只是一个小镇，却有阔气的娱乐场所。中央广场的电子屏幕上播放着应接不暇的数码图片。有一个在夜店工作的女孩意外地遇见了自己的母亲。我不是太确定，是不是也有其他的灰色生意也在那里秘密或公开地进行，不过那个地方看起来生意很好。那位母亲看到自己的女儿和男人在夜里外出，没有表现出任何担忧或吃惊，做女儿的也没有因为稍后可能要面对的讯问而紧张。

由于岛上已经没有任何有趣的地方能让我免于无聊，我开始每个周末去一次定海。第二次去的时候喉咙发痛，所以我想买一些含片。为了说明情况，我摸着喉咙发出咳嗽声，最后买到了对症的中药和止咳糖浆。中国的药店又大又好，卖药的店员打扮得像护士。不过我的喉痛却恶化了，之前的咳嗽后来成了痉挛。现场经理让我们的秘书珍妮带我去了当地的药房。岛上没有医院，而且对于一个不懂中文的老外来说，也没法办理接受治疗前的一套手续。

在我输液的时候，倒置的输液瓶挂在一旁，珍妮也只能坐在我的身边等待。如果不是亲身体验很难想到，治疗像流感这种微不足道的小恙，竟然需要如此复杂的临床过程。我看到人们让孩子坐在自己的膝头，垂下的输液管就在他们面前晃动。输液的过程很慢，但愿病愈的速度与此相反。

第二天我感觉好多了，不过我之前可是从没做过静脉注射。在印度很少有人因为伤风或流感去医院。人们会从药店的架子上买药，甚至可能买到禁用药物，不需要处方。对于轻微的病症，人们只需要向开药的医师讲明症状。这种方法比通过繁琐的程序找私人医生简单得多，而且那些私人医生都是打家劫舍的好手，他们会估量你的身家，然后想方设法榨干你的每一个子儿。

腐败与物质的幸福观

在印度，医药领域的腐败像其他领域一样严重。维迪先生是一个正直的官员，他揭发了林业部门的丑行并因此被哈里亚纳邦政府刁难，莫迪政府为了鼓吹自己清理腐败的决心，将他任命为 AIIMS（全印度医药科学学会）的首席监察官。他现在已被解职，卫生部长给出的蹩脚解释是，他身居其位但并不称职，官方的言外之意是他出于正直而做的事情让很多人为难。而他本人的理解则是，被迫离职是因为他反对 AIIMS 为一些 IAS 官员的病犬提供治疗，他还试图阻止 AIIMS 售卖假药。最让人吃惊的是 AIIMS 竟然要伺候病犬，作为全国最高等的医疗机构，任何夸张的想象也不应该让它等同于一家兽医医院。

这件事情暴露了滥用职务权力带来的可怕威胁。滥用权力是腐败的一种形式。我听说一些官员在自己婚礼上的花费动辄百万。有官员竟然能够让最好的医生在自己面前摇尾乞怜，并且听从自己的吩咐将全国的最高医疗机构变为一家宠物诊所，可见这些宠物狗的重要性一定非同寻常，大人物们对它们的爱也一定深不可测。

其次，我还要补充一点，如果维迪先生真的是因为腐败者施加的压力而被革职，那么莫迪清除腐败的声明就无异于一种为骗取支持和掌声而使出的伎俩。他重用维迪先生怎么可能没有遇到阻碍就成功了呢？也许，之所以当时没有异见和反对，是因为他一贯能够照顾权贵阶层的感受。

除非教义能够付诸实践，社会能够公开地谴责那些沉溺于腐败中的人，否则现状将不会发生任何改变，然而如果整个池塘都被污染了，那么恐怕荷花也不能幸免。我们应该怎样清理池塘呢？我认为在行动之前，我们应该做一些反思。

从我还是一个孩子到现在，社会是不是发生了很多变化？不如让我来详细叙述一下我的个人经历，以此来估量整个社会的改变。过去的那些日子，人们还不曾狂热地获取物质，我们家只有一所房子，而我们的邻居有一台收音机。我母亲1975年去世时，我们还没有冰箱和电视。我们从未感到需要这些东西，也从未抱怨我们一无所有。我们只是尽力做好人，我们渴望的成长是成为一个好公民，一个理想主义者，一个有民族和家国情怀的人，这种人还应该有同情心。

没有一个乞丐从我们家的门阶前失落而返。如果没有钱和衣物，母亲会让我们送他们一些面粉。父亲的收入仅够我们的衣食开销。自从我开始工作，我的所得已经多于所需。今天，我不知道我所拥有的一切如何计算，虽然我并不是一个百万富翁。实际上，和我的海员同事相比，我们在商船上待的时间一样久，而我的财富远不如他们，我的生活方式也不会被中产阶级看在眼里。

将唯物主义视为幸福的来源是西方观念。相较之下，东方的教化素来强调灵魂的升华，它将永恒的幸福作为目标，而朴素与节俭则是它的基本元素。这意味着人应该将需求和欲望保持在最低限度。结婚的时候，我甚至没有一辆摩托车。我去市场上买菜，用的是我从嫂子那里借来的自行车。在印度，女式自行车的设计不同于男式自行车。我会把我的提包挂在车把上，有时候顺道去我的岳父家，替我妻子传一些话。那时候只有固定电话，而且只是少数有特权的人家里才有，我当然没有。

我岳父家住在比较富裕的片区，有一次他们告诉我，我骑女式自行车带蔬菜来这里太过招摇，被他们那些上流社会的军官同事窥探到会引来闲话和非议。我们的经济层次比岳父家要低，他们是因为看到我上升的潜力才同意把女儿嫁给我的，不过我不知道自己有这种潜力。就我的经济状况而言，甚至可以说论不上什么层次，我除了拥有学位和一份好工作之外，别的什么都没有。印度和中国不同，男孩子要娶女孩子不需要银行存款，也不需要在女孩子名下置备一套房产。我认为我有的是精神财产，在我和妻子多年的共同生活中，我们在物质财产的问题上有过争吵。

现在，我有自己的车，在昌迪加尔的好地段有一套房子，也有一些财产和积蓄，不过这些和宝马车相比、和我的同事们所拥有的开阔别墅和巨大财富相比都算不上什么。然而我对这些并不热衷，我也不情愿去投资，我的妻子从不理解为什么我看不到物质财富带来的快乐。

或许，虽然我的钱包缺少分量，但我的灵魂比我富有的同事更开明。我的作品被很多人阅读和欣赏，在中国我有很多粉丝，当我向他们讲述我身边的人所取得的成就，他们脸上的笑容立刻会被同情所取代。成功在这个物质世界里是一种可量化的商品，大多数人都认为幸福与你的物质财富成正比。

印度人为什么需要信仰？

在澳大利亚的大儿子告诉我，这是一个物质的世界，而我没有经济地位。我相信他说的话，不过我很乐意做现在的自己。我同时感到，我们追寻幸福却失去了方位，我们的社会之所以腐败猖獗，我认为是远离理想主义、追随西方的幸福路线造成的，除非我们回归祖先在经典著作中所授的教义，否则幸福、和平与和谐将继续逃离我们。

离我们经常住的酒店不远有一处车站或码头，那里的台阶通向地下的什么地方。我从没打算冒险去一探究竟，不过从里面传出的喧闹也能够让人做出大致准确的猜测。很多乞丐坐在台阶附近，我记得其中一个年轻人闭着眼睛，好像上下眼皮融合在了一起。他的眼球在眼窝里游动，好像在黑暗中摸索着生命的意义，你同样会注意到他的脉搏。

他有一把用废弃的铁罐、棍子和弦做成的二胡，会拉出动人悲伤的曲调，路过的人经常往他前面的盘子里放一两枚硬币。我真的为他感到难过，不过让我更加难过的是一个老人和他的儿子，他们的位置在离街道稍远的地方。老人躺在一块木板上，木板下面装着四个废弃的轴承作为轮子。他上肢肘关节以下和下肢膝关节以下都被截去。他的儿子总是盘着腿、手臂交叠坐在他身边，看起来有十二三岁的样子。他非常可爱，留着奥本样式的发型。

我总是为老人感到伤心，他甚至没法给自己抓痒，而且因为是冬天，他裸露的皮肤上有裂纹、伤口和伤愈结下的痂。我认为他很可能遭受过严酷的惩罚，不然怎么可能因为意外情况而丢掉四肢呢。他的情况非常可悲，每次我经过的时候身体总会一阵战栗。

或许他的确是一次意外的受害者，因为我想到了印度电视里曾经播出过关于一个男孩的动人故事。这个男孩住在德里郊区的一个镇上，在很多这样的镇上，高压线常常低悬在屋顶上方。印度的屋顶是平的，周围有一圈护墙，人们把这里叫

"仓库"（Kottha），孩子们会在上面放风筝，母亲们会用来晾衣服，冬天一家人还会在这里晒太阳。

城市输电线有时候离屋顶是如此之近，伸出手就能酿成意外。那个孩子要么是去拿一只风筝，要么是天在下雨，电流传到了屋顶，我只记得在电视新闻里，孩子的双手和一只脚都被截去了。孩子触电后，被父母用最简易的方式匆忙送到了最近的城市密拉特。在印度，进入医院，尤其是一家政府医院，可以说是噩梦的开始。医生并没有做很多，而是让父母把孩子送到德里的 AIIMS 去，我前面说过，一些最有权势的官员甚至把狗带到这里来治疗，不过这个孩子并不像达官显贵的狗那么幸运。

他只有 8 岁，只是一个普通人家的可怜孩子。当他见到医生的时候，他的伤口已经出现了坏疽。为了保命他只能截肢。他是个长着大眼睛的漂亮男孩，这双眼睛里曾经闪现着成为医生的梦想。他向电视台的采访记者说出了他的梦想，而没有意识到他的残疾。

在印度，因为政府麻木造成的事故司空见惯。一些受害者得到的赔偿其实是封口费。此后更多的人则会继续因为碰到松脱的电线而丢掉四肢甚至性命。到处都是为铺设电缆挖下的土坑，未封口的废弃水井，孩子们则接二连三地掉进去。只有直接相关的人员有的因为玩忽职守受到革职处分，没有任何一个政府官员因此被送上法庭。

在一些像昌迪加尔一样的印度一线城市，我可以走上街头拍一些电线杆上的线路给你看，这样你就能明白，在印度，死亡的确每时每刻都在笼罩着我们。然而在印度也有这样的流行语："被上帝保护的人不可能被任何人杀掉，即使是全世界的敌人也不可能伤到他的毫发。"

　　你现在应该明白印度人为什么笃信宗教了吧？因为他们想要生存，而且知道没有上帝的保护他们就做不到。这不仅仅是说辞而已，而是我们赖以生存的信仰。甚至架线工人在修理电缆的时候，也只能通过爬上距离最近的建筑或树木来完成工作。别说什么防护服了，他们经常被看到穿着夏威夷人字拖和松垮的衣服工作，也从来不戴头盔和橡胶手套。

　　可以拿来做对比的是，我记得曾经在美国阿拉巴马州的城市 Mobil，有一次我们的船停在私人码头，我给市供电公司打电话，要他们派人来检查船上断电的问题。就在早前一天，电线杆上的一些保险丝因为巨大的飓风席卷海岸出了状况。技术员开着卡车赶来，卡车上大约有 50 个指示灯在闪烁，人也是全副保护性穿戴，看起来霹雳也拿他和卡车无可奈何。尽管有齐全的保护装备，他并没有爬上电线杆，原因是这不属于他的工作范围。

　　20 世纪 80 年代我害过一次肺结核。一连很多个月它都没有引起注意，因为医生认为下层社会的人才会得这种病，像我这种社会地位的人是可以排除在外的。但是由于低烧和咳嗽持续不止，我被介绍去了新德里的一家专治胸腔疾病的结核病中心。为了否认我有结核病，主任医师甚至打算把我的胸透影像丢在一边。直到现在他还说，他怀疑我的 X 光片和其他结核病病人的混在了一起。

不过他还算足够明智，或者要我说，他决定把我的痰液送去化验是我的万幸。每一次化验的结核分枝杆菌指标都呈阳性，定论结束了猜测，他们只好对我进行药物治疗。我当时刚刚结婚，也是唯一看起来健康的病人。有一次我坐在结核病中心，有人用轮椅推着一个病人进来，这个病人前一天夜里被丢在了医院门口。他虚弱得不能走路，只能坐轮椅，他的轮椅被放在风扇下面，整个人被捆绑固定起来，因为需要用尽全力呼吸，他已经大汗淋漓。医生和这个几乎快要死去的人讲话，问他的职业，回答是他是一个茶叶供应商。医生又问为什么不在病情恶化之前来医院，他说几天以前状况还没有这样坏。

我坐在那里陷入了沉思，在印度，一些人就是这样虚弱，他们痛苦地活着，却认为这就是生活的全部。这是很自然的事情，如果你从来没有见过更好的东西，你怎么知道这种东西是存在的呢？和我交谈的医生告诉我，50% 以上的印度人患过一两次结核病，不过大多数人都自愈了，而且完全不会意识到自己曾经发病。他说，很多情况下，来就医的患病者都是家里的顶梁柱，如果他不去工作，家人就会饿死，所以医生都会一边给予治疗，一边要求他们正常工作。甚至我也被要求正常去工作，只需三个月后做一次检查。

第三章

游上海

▷ ▷ ▶

中国在修高速公路，印度还在救济穷人

2009 年的五一假期，我得到了第一次真正游览上海的机会。按照中国的惯例，周末也是五一假期的一部分，而下面一周的周末则被划为工作日。带我去上海的是陶先生，他是上海人，我自己去上海几乎是不可能的。我们错过了中午的那班渡轮。码头离我们的船厂很远，而且有个人像往常一样迟到了，在船厂门口我们也没有打到出租车。结果，我们到达码头的时候，船已经开走了。

陶先生询问了渡轮的下一个停靠点，我们打了另一辆出租车加速前往，希望能赶上。然而当我们到达下一个码头的时候，渡轮已经在关闭。我们光打车就已经花掉了 500 元左右，而且现在看来我们半路在某个地方夜宿的可能性正在加大，好在有个年轻的中国人和我一道。这种结果令人生厌，所以我更喜欢自己驾车游历这个转型中的国家。

　　陶先生和另一个出租司机商定，司机答应带我们去渡轮将要停靠的下一个站点，看起来他们已经达成了协议，如果他不能在下一个站点把我们送上船，我们就可以不付钱。我之所以有这种猜测，是因为他把出租车开得飞快。他像个复杂地形赛车的狂热爱好者，但是他成功的机会很小，原因是出于铺设高速公路的需要，路面到处被挖。虽然基本上是平坦的，但路上铺的碎石是松散的，空气中浮动着厚厚的尘埃。中国正在以惊人的速度建设高速公路。

　　那时候我对中国进步的步伐还没有很深的观察和认识。对我来讲，秀山就代表中国。而在中国工作四年之后回到印度，现在回顾起来，我意识到我那时对中国几乎一无所知，就是现在，整个世界以及我也对中国了解甚少。一些年前，印度的路况非常差，甚至高速公路的宽度也不足以支持三辆车并行。2001年瓦杰帕伊担任印度总理时，印度NDA（全国民主联盟）政府启动了印度最大、世界第五大的高速项目，并计划在2012年前完成该项目。

　　该项目被设想为5846公里的四车道，连接德里、孟买、金奈、加尔各答四个印度主要城市，预计成本约为100亿美元。项目非常重要，被寄望为国家发展的一条动脉。印度的道路建设的确已经取得了很多进步，然而我们更应该看看中国在同一时期取得的建设成就。2012年中国国家高速公路网的里程数是53000英里（85295公里），但在2004年这个数字还只有20300英里，8年间增长了一倍以上，成本之高可想而知。

中国在 8 年间修建的 31700 英里（51016 公里）高速是印度计划并有望完成的里程数的 8.72 倍。如果我们再比较一下美国高速的建设步伐，结果会更有意思。

美国从 1956 年开始州际公路的建设计划。计划在 20 世纪 50 年代至 60 年代进展顺利，根据交通顾问温德尔·考克斯的计算，截至 1965 年州际公路系统已经完成一半，1970 年前则完成了接近四分之三。这些数据令人印象深刻，足以与中国的成就相提并论。不过美国高速公路的建设随后严重放缓，20 年里只新修了 9500 英里，又用了 5 年，整个公路系统完工成形。相比之下，仅 2011 年一年中国的高速公路就新增了 7000 英里。

出租车司机有时靠右行驶，有时也很随性，反正公路上车辆很少。就我在中国公路上行车的经验来看，我已经观察到这里的车辆密集程度甚至不及印度的一半。也许是因为有更可靠的出行方式，方便、经济、快捷的程度都好过公路。在印度，可以选择的出行方式非常少，相当一部分公共交通是国有的，这些国有的交通部门像其他国有企业一样在亏损。我不明白为什么政府不能抛开这些庞然大物，用腾出的精力专注国家治理。

是的，国有企业可以保障穷人的利益，不过最能让穷人受益的应该是健康的经济。给穷人提供免费的食品、交通或补贴，把毛毯等用品送给他们，类似的电视新闻报道正在愚弄着他们，使他们相信政府是关心他们的。我敢说，印度政治家们为他们所做的这些事情，不过是为了抢劫他们手中的选票。玩弄廉价的政治噱头，把梦想装进廉价的酒瓶里叫卖，这些其实都只是在说明，民主在这个穷人为数众多的国家早就一败涂地。

给穷人"恩惠"不如给他们工作，不如让他们为国家的繁荣贡献力量，过有尊严的生活。然而没有人对改善他们的处境感兴趣。实际上，正是不受教育的、贫穷的选民才符合当权者的利益。我曾经收到一封邮件，内容是一位教授为证明社会主义行不通而给出的实验结果。

文章的作者是丹·米切尔，他在文章中这样写道：

> 当地一所大学的一位经济学教授发表了一份声明，说他过去从没有让任何一个学生不及格，但是最近他给一整个班的学生判了不及格。这个班的同学坚持认为奥巴马的社会主义是行之有效的，这样就没有穷人也没有富人，天下大同。

> 教授于是告诉班里的学生，你们所有人的考试成绩会被平均，这样就没有人不及格。第一次考试后，全班的总分数被平均，每个人都拿到了 B。一些本来没有考好的同学很高兴，尽管他们表现很差，却得到了和好学生一样的成绩，而努力学习的同学则因为没有得到相应的回报感到失落。第二次考试，以前不用功的学生还是不用功，而好学生也由于滋生了坐享其成的想法变得懒怠。结果，这一

次全班的平均成绩下滑到了 D。而且以后每进行一次考试，平均成绩就下滑一次，直到每个人都只能拿到不及格。

教授从试验中得出了以下结论：

1. 你不能通过消灭富人让穷人致富；

2. 有一个人不劳而获，就有一个人劳而无获；

3. 政府要给一些人好处，先要从另一些人那里获取；

4. 分配财富并不能增加总的财富；

5. 当一半的人认为自己不需要努力工作，因为另一半的人会供养他们，而另一半的人也认为工作无意义，因为别人会拿走自己的劳动成果，这个时候，一个国家就到了日暮途穷的地步。

丹·米切尔继续写道：

我最后做一点总结。这个故事对我们有五个重要启发，然而每一天都有几十个国家可以作为现实的例子。

我不知道这是不是一个真实进行过的实验，然而这种结论至少是符合逻辑的，这一点不容否认。只有牧师才会被纯粹的道德动机所驱使，如果这种清教徒式的动机是驱使人类的力量，世界早已成为尽善尽美的天堂。然而事实并非如此，所以现实主义的基本原理并没有因此而失落。我把文章放在这里是因为我完全同意它的观点，我认为政府的政策应该讲求现实。

我们不应该对消灭贫困抱有希望，也不应该随便救济穷人，所有这些赠予、配给和迁就都应该止步，人们应当在工作中付出劳动，然后获取报酬。中国政府致力于创造就业，在中国很少有人靠政府财政提供的免费配给和赠予生活。

世界上关于权力人物热衷于救济穷人的报道连篇累牍，他们以救济的名义提取公共资金但很可能将一部分挪作他用，不过基本状况还可以，因为偶尔会有一些人会因为腐败被抓住并接受惩罚。他的职务和财富积累都会被剥夺。

这种人如果免于死刑，被监狱释放后就是一个穷人。惩罚足以对其他当权者做出示范和警示，而这正是印度所缺少的。在印度，很少有人因腐败被抓获并立案，还有一些针对部长等官僚的案子被一拖再拖，可能长达数年之久，然后 CBI（中央调查局）或者其他调查部门会在开庭时提交报告，指出证据不足，最终使这些人免于牢狱之灾。

在今天的这个商业世界中，领导一个国家就像经营一家 10 亿美元的公司。要遏制国家的垮台，就必须停止将政治视为有利可图的行当，更不能让子孙以此为目的投身政治。

酒店之夜和早餐

我们最终成功登上了渡轮，渡轮上人满为患。我乘坐渡轮的次数并不多。上岸之后，可以看到有豪华客车在等乘客。我们之前买到的票是联票，人们争相到车上抢占位置好的座位。

下船的时候已将近黄昏，这是我第二次在夜色中来到上海，还是看不到这座城市白天的壮观。这就好比有人要送你一件礼物，为了激起你的兴奋，他会要你闭上眼睛。庞大的城市完全被灯光点亮，或者我会说被灯光淹没。

中国不像印度那样电力不足。2011 年超越美国之后，现在中国是全球最大的电力消费国，而发电主要是靠化石燃料。虽然其他的发电方式也在被利用，但相较煤炭发电的份额，仍然只是很小一部分。现在中国有全球最大的火力发电厂，最大的水力发电产能，最大的风力发电产能，以及最大的太阳能发电产能。

陶先生把我留在酒店里。我们已经见到了另一个中国伙伴，他和我们在一家船厂工作。他说他在船上认识了一个定海女孩，女孩在上海一所大学读书。我看到女孩脸上透着青春的活力，尽管猜测一位中国女士的年龄很难，但我敢说她还没有18 岁。

从两个人身上，我看到了中国社会变化的明显趋势。那个女孩同意留下来和男孩一起过夜，我认为这简直不可思议。因为某种原因，可能是学校离得太远，深夜回学校非常困难，所以她决定不回学校了，然而仅仅是这样就决定冒险和一个陌生人待在一起，不是太轻率了吗？

他们在一起过夜，第二天早上，男孩看上去一副被抢劫的样子。女孩没有让他如愿，虽然她给了他就要梦想成真的错觉。男孩总结说，只不过是两个陌生人睡了一张床。在中国，一个女孩子敢这样做，可能是因为强奸罪可以判处死刑，但如果是一个印度女孩同意和一个男孩过夜，那么可能还要同意更多。

我儿子想改变我在两性方面的传统思想，我半信半疑地接受了，但是他指出强奸的定义也要包括女性强迫男性发生关系，这一点现在要我接受还很困难。我听说现在在印度，婚前性行为比过去更常见了。在我年轻的时候，女性根本不能幻想这种事情。

就我所属的阶层而言，印度社会已经发生了太多改变，而更高一些的阶层已经自由到厌倦，几乎没有进一步改变的空间。然而印度的底层社会过去什么都没有改变，看起来未来10 年难言乐观。妇女会继续任人驱使，充当一些人发泄兽欲的对象，法律会继续被诅咒。印度的中产阶级还在壮大，在任何国家，所谓的中产阶级都是担负文化价值和宗教律令的群体。在中国，宗教的包袱已经在"文革"期间被抛弃，而如今人们为了工作离家千里，也使得宗教观念在核心家庭中不断淡化。而在印度，虽然所有这些都是原来的样子，但关于单身成人的性需求、离家生活的观念都已经改变。很多禁忌都被抛弃，一夜情不再只是西方观念。

陶先生第二天来的时候已经是上午11 点，我们匆忙去赶火车，路上吃了外卖早餐。中国煎饼的制作方式和印度的Dosa类似，Dosa 是把糊状的大米和扁豆摊在热锅（tava，形似干锅，用来烘烤或油炸）上做成的。我们吃的中国煎饼，做法是先把面糊摊在热锅上，然后把切好的肉和蔬菜撒在摊好的煎饼上，最后用卷起的煎饼裹住填料。在印度，填料一般是做熟的土豆、洋葱、豌豆之类的混合物，印度人叫作 bhaji，但是在中国，填料里也会有一些肉。中国人配菜时，有蔬菜，多数情况下也会有肉，多数中国人都相信多吃肉才会有力量。

我没法消化这些东西，吃完一小时后，我几乎要吐，当时陶先生正带我逛购物中心，还好我忍住了，总算没有在人来人往的地方出丑。虽然恶心感很快就消失了，身体的不适却持续了很长时间，我发誓以后吃东西再也不会只看外观。

中国在远东而印度在东南①，两个国家共享一段存有争议的边境线，然而印度人的胃却消受不下中国的肉食。对很多印度人来说，吃肉就是亵渎神灵，现在看来，印度人在中国吃肉更是罪加一等。印度的 Dosa 基本上只加蔬菜，但是为了改善口味，也会加一些其他填料。过去的数年间，我尝试过各种各样的填料，但我从来都是只喜欢蔬菜。

不久前在昌迪加尔，我曾经和朋友去光顾一家印度咖啡屋。这家店的历史可以从 60 年前昌迪加尔建城的时候算起，现在，店里的服务员还是店面刚开张时的那班人，陈设和装饰也还是老样子，甚至刀叉、瓷器等餐具也没有变。不过，这家店在城里引起关注，是因为店里付给东家的租金已几乎停留在当初的水平。可怜的东家想收回房屋，然而咖啡屋已经被法院

---

① 西方视角。——译者注

认定为文化遗产，除非店家主动关门歇业，否则几乎没有收回的可能。

我之所以讲这个故事，是因为我以前不知道这家咖啡屋提供羊肉 Dosa。在朋友的建议下，我试着点了一份，不骗你——他们的羊肉尝起来也好像已经放了 60 年，或者被宰杀的羊已经活了 60 岁。等这本书出英文版的时候，要是我的朋友读到这里，一定会对我大发脾气。他是各类肉食的品鉴专家，因为他是兽医，能接触到各种动物的肉，这在印度是少数人才有的殊荣。

在中国，几乎每一种肉都有人售卖和食用，但是在印度，你很难找到鸡肉和羊肉之外的肉食。甚至有中国新闻对一家面包店的小面包的美味进行了揭秘，这家店的店主在制作面包的配方中秘密加入了特殊原料。印度的情况完全不同，尽管恒河两岸的确住着爱吃人尸的阿格瑞（Aghoris）人，但吃肉在印度人中并不流行。印度的猪不是由农场饲养，而是属于那些一天吃不起两顿饭的穷人，为了生存，这些猪垃圾也吃，粪便也吃。

有些人养鸭子，主要是自己养了自己吃，因为买鸭蛋和鸭肉的人并不多。实际上，除了鸡肉，印度根本没有像样的市场卖其他肉食。大约 20 年以前，大概是为了鼓励屠夫和肉类贸易商，也考虑到各类肉食在全球市场需求巨大，政府开始允许设立出口导向型的肉类加工厂。印度水牛是一种驯化的动物，水牛产的奶比奶牛产的奶便宜，公水牛除了被役使，便派不上别的用场。牛肉在印度教中是禁止食用的（伊斯兰教则禁止吃猪肉），虽然印度教没说水牛肉不能吃，但从来没有人愿意尝试。

很多肉印度人自己根本不吃，但所有做肉类生意的印度屠户都成了百万富翁，因为印度出口的肉食在其他国家是抢手货，一来它比世界上的任何地方都便宜，人工成本和动物本身的成本都更低；二来这些动物都饲养于自然栖息地，肉品更加鲜美多汁。不过我的朋友告诉我，肉食加工厂需要可靠的、不间断的动物供应，所以人们也在自建一些农场。

上海就像科幻大片

老实说，看到上海，我惊奇得有些眩晕。我去过世界各地，没有一个地方像上海这样。一排排巨大、壮观的建筑让人应接不暇，摩天大楼耸入云霄，道路纵横发达，公园随处可见，所有这些让我由衷感到赞叹。

在顺应世界变化的现代化需求中，文化的根脉和底蕴没有被失落、遗忘，没有被出卖给西方的一套哲学，而是通过一种难以定义和言明的感情得以保留，这种感情在中国人中代代相传。它不是学校教会的，而是每个孩子坐在母亲的膝头习得的。批评者可能会说，中国文化的根脉已经被政治运动所切断，然而文化的根脉更像脐带，形式上可以被切断，但身体里的基因和流淌的血液不会因此而改变。

切断脐带是为了给婴儿独立的生命，但终其一生，母亲的给予都会像肚脐一样伴随着孩子。如果中国一直处在封建王朝的统治之下，会有今天的成就吗？王朝统治和政治剧变之下，中国文化的丰富性和完整性并没有被破坏，即便在今天，它仍然是代表中国国家身份的独特内核。这就是为什么，无论你走到上海的任何地方，可能甚至是走遍中国，你都不会怀疑你是在中国，而不是在世界上任何别的国家。身处中国，自豪感会像喷洒在身上的香水一样，你时刻都能感觉得到。

上海并不乞求得到某种身份，中国和中国的人民也没有此意。他们既不会张口就说英语，以显示自己受过良好的教育，也不会像印度同胞一样用勺子和叉子吃饭。是的，作为一个印度人，我深感不安，我们的部长和国民重英语轻印地语，他们热衷模仿西方人的举止做派，恨不能被西方世界接纳。在我的很多同胞看来，身为印度人不但不光彩，甚至是一件难以启齿的事情。

我们的莫迪总理有勇气用印地语在美国发表演讲，却因此在印度国内招来了批评，只要你到印度稍南①的地方去走一走，就能发现批评者和意见激烈的反对者。值得一提的是，莫迪的母语并非印地语，我也一样。然而印地语是多数印度人的母语，将印地语选定为国家语言是事关国家荣誉的事情。

---

① 印度南方集中了非印地语的族群。——译者注

中国同样有大概 20 种不同的方言，然而普通话被定为交流用语后纷争即止。印度和中国都是大国，而且都是多民族国家，必然会有不同的方言同时存在，然而要是我用印地语写这本书，恐怕我得把手稿丢进垃圾桶。我虽然是一个自豪的印度人，但印度不是中国，一个印度人的自豪感并不足以改变坚硬的现实。

陶先生带我在城里四处游览，整整一天，我就像坐在 3D 影院里的乡下孩子，而荧幕上播放着科幻大片。中央大道和陆家嘴，高耸的电视塔和庞大的地铁网，江滨景观和金茂大厦……这个列表还可以无限延长。坐地铁换乘列车时，你会在匆忙的人群中穿行，地铁站的站台和设施光亮如新、一尘不染，与之相连的是绵延不绝的地下购物商场。更多的事物和景象是我无法表达的。在地下奔突了几个小时，出站后我们来到了南京东路，走着走着又到了人民广场。广场上有上千人，但不脏也不乱，地面上没有垃圾或污渍，空气中也闻不到尿骚味。

我们打车去了某个购物中心。那里的美食广场有一家印度餐厅，厨师技巧娴熟，面团甩向空中又被他抓住，就像他的围裙飘起来一样。他在做 Roomali Roti（一种印度面饼，形状像一张手帕）。他咧着嘴对我笑，但我的同事和同事带来的朋友看起来对他的滑稽表情没什么反应，他们找了别的餐厅，吃中餐去了。

餐厅里坐了一帮人，可能是在庆祝餐厅老板的生日，因为后来有一整支乐队到场助兴，他们演唱歌曲，不时有人拍手和欢呼。表演持续了足足有 10 分钟，之后乐队赶去下一个聚会，做同样的表演。

当时陶先生正在相亲，我们在南京路的一家肯德基吃晚饭的时候，他见了一个姑娘。上海的地铁晚上 9 点半左右停止服务，我们只能匆忙地去赶末班地铁。第二天，陶先生把我丢在一家公园，自己跑去剪了一个古怪的发型，整整花了 100 块钱，大致的样子是把两侧的头发剃光，只留中间一簇挺立着，像是被人揪了一把。他告诉我这是当今时尚。

陶先生去理发的时候，我就在公园里转来转去。有新人在这里拍照，新娘穿着下摆巨大的婚纱，被新郎用危险的姿势抱在怀里，新郎也穿着打着领结的套装礼服，持相机和遮光伞的摄影人员在一旁忙碌。拍婚纱照的礼俗来自西方，但中国的新人乐意为此花费大量的时间和金钱，所以摄影工作室的生意红红火火。

下午，陶先生去和另一个姑娘会面，这个姑娘是他以前的女朋友，这次他决定正式彻底地分手，因为他们的观念有一些分歧。他们见面的时候很友善，似乎对问题都很冷静，没有尖叫、嘲讽，也没有辩驳，没人流眼泪、抓自己或对方的头发。虽然我不懂他们谈了什么，但陶先生说她喜欢管教别人，而他讨厌被人限制。

那个地方拥挤不堪，人声嘈杂，还有人抽烟，不过陶先生告诉我，吃鸡爪没有比这里更好的地方了。虽然鸡爪是中国美食，但第一次要吃鸡爪的时候，我满心想着这该是一次怎样的壮举。不过我认为自己有足够的勇气去尝试，看到它们浮在汤汁上、近在眼前的时候，我先是退缩了，在稍作调整和自我劝诱之后，我小心翼翼地啃了几口，随后我发现鸡爪上的趾甲并没有修剪。味道是不错，但面对鸡爪时的感觉要另当别论。

　　傍晚，陶先生又见了一个姑娘。这个姑娘留着 BOB 发型，魅力十足，甚至像我这种无害动物也很容易产生非分之想。陶先生让她在我的房间等他，她来了，看到她把自己打扮得很自在，我感到很不自在，因为从安全距离（观看者不会被认为在抛媚眼）来看，她的短裤比我过去见到的任何中国女孩子穿的都短。像多数中国人一样，她一点英语也不会说，所以除了互相微笑——她笑得大胆、自信，我笑得有些扭捏，我们什么也没有说。

　　她在房间里走来走去，像一只不安的麻雀。幸好，我是懂礼数的，我没有看不该看的地方。没过多久，陶先生就回来了，我们一起去外面吃饭，之后还做了足疗。她也跟我们一起做了足疗，并且不停地说话，做了等于没做。回来的路上没发生什么有意思的事情，所以记忆几乎是空白的，只记得我们在码头等渡轮的时候，一些孩子好奇地围着我，父母在一旁鼓动他们与我交谈，以检验他们的英语会话能力。

又一次聚会

从上海回到秀山之后，我们的又一次聚会开始了，这次的由头是军的生日。他的房子离我的公寓很远，附近整个地区都是新开发的，比较空旷，不过道路、街灯、院墙都是完备的。当时工地上有数千名工人，很难想象现在的变化会有多大。这让我又一次看到了差距，因为在印度的建筑工地，基础设施永远是最后考虑的事情。不久之前，住宅委员会和开发公司承揽了印度的大多数建设项目，这些准政府部门的工作比其他政府部门做得更差。

深陷腐败，问责缺失，工程质量不过关，效率低下，徇私舞弊……任何一种能与政府工作沾边的恶习都在这些部门中结下了恶果。它们至今仍然我行我素，不过它们现在有了竞争者，因为政府允许私人建筑商参与工程领域，目的是加速国家建设，或者——你可能会说——以解决住房问题的名义掠夺普通百姓。这些私人建筑商对政府来说并不陌生，他们要么本身就是当权者，或者曾经是当权者，要么就是与重要人物联姻的受益者。

政府或准政府部门参与建设的工程都是等级低、质量差的，然而它们占据的位置却是最好的。工程完工并被宣布达到可居住的市政标准那天，进入分配对象名单的幸运者开始入住，他们无暇去考虑工程根本达不到相应的标准。不过居住者很快就会发现，他们梦寐以求的房子带来的竟是一场噩梦，他们害怕睡在房子里，所有居住者会结成联盟，要求政府解决他们的困境，包括对房屋的投诉，卫生设施的缺失，道路不畅，没有路灯，窃贼横行，没有公园和运动场地，等等。他们列出的投诉请求比居住区的碎石路还长。等他们在游行抗议中把鞋底差不多要磨穿了，才会有相关部门慢吞吞地给出一些不痛不痒的回应。

我可以告诉你回应会慢到何种程度。20 世纪 80 年代，我住在一栋租来的公寓里。公寓在整个小区的最后一排，而小区的前面准备建一座公园。关于公园的存在，我们最早是从昌迪加尔房屋委员会的建设规划中得知的。几天以前我们开车经过的时候，我妻子指着最近刚刚对外开放的公园说，从计划在这里建公园到现在公园建成，昌迪加尔政府花了 25 年，中国领土是印度领土的 3 倍以上，但中国人只用了一半时间就让整个中国焕然一新。这就是中国进步的步伐（pace of progress），更确切地说是进步如赛跑（race of progress）。

如果我在中国成为名人，只要我今天向市政公司提议，他们明天就会打电话给我，向我讨教如何向中国学习。德里前首席部长（市长）希拉·迪克希特（Sheela Dixit）女士曾表示，如果她能在选举中重返政坛，将会把德里打造成像上海一样的城市。而当德里人都在猜想他们的城市离上海有多远时，她已经在瑞士置办了自己的房产，并且在房子里安装了 31 台空调。这件事是通过 RTI（Right to Information）网站得以曝光的，

RTI 是印度公众用来发现政府丑行的一个工具。作为国家公民，印度人在印度有充分的自由和权利，至少我们有 RTI。

公园建成之前是一大片空地，被贫民窟的居民用作厕所，在印度城郊的贫民窟周围，所有类似的空地都会以这种方式被利用。贫民窟的居民很多都是为城市建设付出劳动的建筑工人，作为国家的建设者——我想我可以这么称呼他们，一旦他们完成了建设任务，官方对他们的态度就会严厉起来，城市不喜欢贫民窟的存在，他们的棚屋因此被毫不留情地拆掉。

抗议、游行、静坐随之而起，但这些名副其实的国家的建设者们不得不迁移到城市规划区域的外围居住，在那里，他们会参与另一个工程的建设，并且继续在周围的空地上大小便，直到再次被政府赶走。我在过去写的诗歌里关注过他们的处境，我对他们深表同情，他们是被国家忽视和遗忘的一群人，就像我的那些诗歌，自从被丢在了阁楼上，也早就被遗忘。

还是回到在军的公寓里的生日聚会。漂亮的蛋糕必不可少。夏天已经开始了，至少从穿着上看，中国的女士们很放得开，她们既有表现的天赋也有魄力，近乎莽撞地炫耀着各自的迷你裙。我没看到有中国男士盯着她们，我曾经在某个地方读过，在中国社会，内在的优点比外表的美更受重视。

在我们的小圈子里有一个女士，她来自中国北方与朝鲜接壤的地方。她长得很高，同时又很重，而其他女士都长得纤细、雅致。她经常提起被留在家里由她的父母照料的女儿。这种安排在中国非常普遍，因为有很多年轻的父母都需要到外地工作，不能自己照顾孩子。他们想念孩子，只是生活的压力让他们身不由己。

中国的城市周围有很多面向出口的工厂，它们生产的商品必须比任何国家都便宜才有销路，而廉价的劳动力是它们的一大优势。彼得·海斯勒在《寻路中国》中写道："我开车周游中国的时候，大约有九千万人离开了农村，他们大多数去了东南沿海地区，惯常的农村生活正让位于工业城镇的快速发展。可在北部和西部，很多地方仍旧以农业为主，因此在地图上看来仍留有发展空间，也因此吸引着我。"

中国有着丰富的劳动力资源，这对于任何国家来说都是极其难得的。由于认识到了劳动力的重要性，印度曾在 2002 年第十亿个印度公民降生时大加庆祝。现在印度要做的是正确利用丰富的劳动力资源，印度当局应该教年轻人学习工作技能，给他们提供工作机会，而不是只想着他们即将拿到手中的选票。

印度年轻夫妻的处境和中国越来越相似，区别在于，很多中国人只有在过年时才能抽出时间回家团圆，而印度的假期比较分散，父母和孩子见面的机会要更多一些。就目前来讲，印度的年轻父母很少把孩子交给自己的父母照料，我个人感觉，孩子在成长期必须有父母的陪伴。不过，我的儿子们没有我的经常陪伴，也的确长大了，他们去了很远的地方工作，寻找着各自的人生意义。

　　在军的生日聚会上，有一个穿连衣裙的女孩，看起来像是西女士的女儿。我进入军的公寓的时候看到了她们两个，不过陶先生告诉我，这个女孩实际上是另一个同事的女儿。她们都不懂英语，我的话都是陶先生翻译给她们听，我也不知道陶先生用中文说了什么，不过她们两个都笑了，然后进了厨房。

　　聚会结束后，我离开军的公寓，外面黑漆漆的。走出小区大门，路上看不到一个人。我记不清该往左还是往右，因为我来自印度，我们印度人行车靠左，对路的感觉和中国人相反。我的自行车没有车灯，而当天晚上恰好没有月亮。突然，一辆摩托车亮着前灯冲了过来，速度快得能把人吓懵。那个骑摩托车的中国人，他很可能以为自己看到了一个骑自行车的鬼，于是加速逃命去了。我看到此人带着难以置信的表情回头看，但黑暗很快就吞没了他。小插曲打断了我的思考，这下我彻底困惑了，不知道该往左还是往右。我暗自发誓，今后在中国，在夜里，我再也不会在没人的路上骑车。

　　虽然现代化的铁蹄正在踏向秀山，但这里仍然有乡村的韵味。同事告诉我，不久前这里还是渔村，历史则有 6000 年之久了，1840 年到 1846 年间，这里一度处在英国人的控制之下。20 世纪 50 年代之后，共产党接管这里，但直到邓小平的经济改革实行之后，岛上的商业发展才真正受到关注。我工作的船厂叫常石舟山造船公司，是一家由日资控股的外商独资企业。这里的船厂不是一家，而是很多，这就是我担心秀山的宁静将会被彻底打破的原因所在。

彼得·海斯勒在《寻路中国》中说："目前，在中国的农村，总体的轨迹是在不断衰退——这也正是我在北方驾车周游的过程中所看到的。在那些行将消亡的小村子里，我瞥见当地的生命正在一点点消亡。然而在三岔，我发现了不一样的东西。前进的步伐已经迈出：每一年都会有一些新的重大变化，时常会有一种时光匆匆往前冲的感觉。不过，有规律的季节变换让我不会感觉迷失。"

我喜欢秀山，随着季节的变化，这里会展现出不同的风景。这里有一个滑泥主题公园，人们可以在公园的泥浆里像动物一样打滚，印度人至今还在泥地里摸爬，我不认为这有什么乐趣可言。

第四章

普陀山的寺庙

▷▷▶

印度选票政治制造着社会分化

印度是一个多地区、多语言和多宗教的国家。如果我们有着与欧洲类似的文化，现在的印度可能已经四分五裂。为了分裂印度，英国甚至曾在殖民时期试图给予印度的不同地区或多或少的独立权。高瞻远瞩力促国家统一的是帕特尔，他也是印度独立后的第一任内政部长，而一心谋求总理之职的尼赫鲁则不顾这些。据说如果尼赫鲁同意让位给真纳，印度就不会被分割，让人头疼不已的巴基斯坦也将不复存在。

我个人认为，印度的一体性来自共同的文明。我们有着共同的生活，尽管不同地区的印度人表面上有所差异，但我们在思想上是一致的。南印度人是虔诚的印度教信徒，他们的仪式和庆典与印度西部、东部、北部的印度教徒有很大的不同，但他们都信奉印度教经典所宣扬的思想。最主要的区别可能是语言，不过，尽管南印度地区的五种语言彼此区别明显，但人们的穿着和饮食的习惯、寺庙的建筑风格却非常相近。

当然，不同地区之间也有矛盾存在，在北印度布克里克地区，南印度人被称为马戞斯人，这是一种对现在的泰米尔纳德地区印度人的蔑称。南印度人不喜欢北印度人，觉得他们傲慢自大。北印度人也不喜欢南印度人，在他们眼中，南印度人都是黑人，说古怪的语言，吃离奇并且难吃的食物。大多数北印度人都陶醉在这种浅薄的歧视中无法自拔，他们根本不会把南印度人当作平等的同胞对待，因此南方人对北方人的仇恨十分强烈。20 世纪 60 年代时，印度政府试图强行在宪法中规定将印地语作为国家通用语言和印度的民族语言，导致了大规模骚乱。这些骚乱也造成了人们，尤其是泰米尔纳德地区的南印度人对印地语的抵制。

以上只是印度地域歧视的冰山一角，不仅南北印度，东西印度之间也存在敌视。但是印度社会本来应当是多元而团结的。印度人永远听从自己的内心，只有靠爱和诚意才能赢得他们的尊重。正如澳大利亚的格里高利·大卫·罗伯兹在他的小说《项塔兰》中写道："关于印度和印度人民，最简单却又令人惊讶的事实是：当你来到这个国度，你会发现感情比理智更为可贵，世界上没有任何一个地方会比印度更能让人体会到感情的真挚。"

长期以来，印度的选票政治大打宗教牌、讨好所谓的"少数族裔社区"、支持种姓制度，这给印度带来了分裂和仇恨。我们看似成功地发扬了西方的民主自由理念，给公民自由选举的权利，然而倘若深究印度的民主现状，就会发现其有着巨大的缺陷：选择是有限的，公民们永远只能选举很小的一部分人，而这些人会一直享受权力带给他们的优渥资源。每一个部长或者国会议员都在积极引导着他们的儿子和女儿踏上仕途。这些"官二代"们要么已经成了新一任的国家领导，要么正走在通往领导职位的道路上。

印度的民主制度中，最具有讽刺意味的是那些享受着免费补贴和口粮的贫民窟常住客，那些私酒贩子、抢劫犯和窃贼们，竟然与经济学教授、商人等积极工作纳税、为国家做出物质和精神贡献的人享有同等的投票权。我只是一个工程师，不能像一个社会改革家或者政治分析师一样看待问题，但是在每一个领域，都应该以相对应的行业精英的决策为准，而不应该给予某些群体额外的优待和机会。我认为这样的评选标准应该贯彻于每一个细微之处，贯彻于每个办公室、每个工厂。

如果政府真心想要发展国家，应当拟定经济政策来弥补那些幸运的和不幸的人之间的差距，而不是给不努力的人提供可乘之机。比如说，政府应当提供奖学金、书籍、计算机、免费交通甚至是免费住宿等优惠政策，帮扶那些考上大学却难以负担学费的学生。但历届政府从来没有做到这一点，未来也不会这样做。政府只会想方设法地维持稳定和分化阶层。

政府在配额中再创造配额，在地区中再创造地区……领导人们继续高高在上，听着金币落进他们储蓄罐里的声音。而令人心痛的是：截至 2014 年，独立整整 67 年后，印度依然是全球成年文盲最多的国家。我们的成年文盲人数高达 2.87 亿，占全球总量的 37%。2013 年，印度政府承认，21.9% 的印度人收入低于国家贫困线。2010 年，世界银行基于 2005 年数据做出的购买力平价国际比较项目中，预计印度人口的 32.7%，即约 400 万人，生活水平低于每天 1.25 美元的购买力。在这样一个识字率低下、民主却赤贫的国家中，骗子们为了一己私欲和权力的稳固，坐视民众长久地在苦难中挣扎。

在普陀岛吃晚餐

2009 年 6 月，我决定利用自己的三天假期前往著名旅游景点普陀山野餐。这里寺庙林立，佛塔遍布，让我颇感兴趣。据我所知，普陀山是中国著名的佛教圣地之一，山上的观音大佛名声广布。除此之外，山上还收藏有东亚地区的多种菩萨塑像。

普陀山坐落在一个仅能靠渡轮抵达的美丽小岛。2009 年我初来中国，对这次旅行感到十分兴奋。一踏上渡轮，我被湖面清净和纯粹的美所折服。岛屿这个词本身就似乎带着神秘的色彩，而丰富的宗教和历史的元素更为其增加了魅力。游客们都怀着崇敬和好奇前来这个为数代人提供了安慰和救赎的神圣之地。每年都有成千上万虔诚的、来自五湖四海的信徒来这里瞻仰观音塑像。虽然在方圆 12 平方公里的普陀山上遍布着寺庙和神社，但即使对于非信徒而言，这里也是一个美好的度假胜地。岛上安宁的氛围让人舒心，此外，据说这里的海滩也甚为出众。

在以往参观中国寺庙的时候我就发现，中国人对于宗教的感情质朴而充满虔诚。对于中国人而言，宗教似乎和炫耀财富无关：中国人不会像印度人一样大肆敲击都和洛克（一种特殊的印度鼓），打钹，或者吹小号。他们不会游行导致交通阻塞等等不便。中国也不会随随便便就在每一条街上都大修寺庙。我的翻译蒂娜告诉我，她有 24 年没有见过寺庙了。但中国农历新年时，我应邀去她家吃饭，却发现她家里供奉着一些神像。我不太确定她信仰的是道教还是佛教——我对这两者都知之甚少。蒂娜家供奉的神像附有一个小神龛和几个红色灯泡（用来代替蜡烛的火焰），这样的小神像在许多中国商店和普通家庭里都随处可见。

普陀山被认为是观音的圣山。在此之前，我对观音菩萨并不熟悉。然而当我了解观音之后，我很高兴地把我的个人网站以她命名——我觉得她长得很像印度的女神。但我的中国朋友们却对此兴味索然。他们声称，这种宗教性的名称在中国社会中没有太大吸引力。他们还说，观音是象征慈悲的神，她之所以受到中国佛教信徒的欢迎，是因为人们相信她能拯救人们摆脱困苦。

普陀山所在的岛屿是舟山群岛的一部分。目前，舟山群岛上的很多岛屿都和大陆由乔梁相接，可以从上海或者宁波乘坐公交到达。公交车站和码头之间仅有 10 分钟路程，而渡轮航程则要耗费 30—40 分钟。

我花了 150 元（合约 1050 印度卢比）买门票进入旅游区。这令我十分诧异。在中国，几乎所有的寺院都会售票。这些票务收入被用于寺庙的保养，因此十分必要。我们是傍晚抵达的。上岛之后，我既没有看到乞丐，也没有僧人拥堵在通往寺庙的道路上。路边没有杂乱的小摊子，更没有垃圾。不仅如此，每条通往寺庙的道路上都有公共厕所。

宽敞的接待大厅中有很多柜台。中央的服务台处，有专门的服务人员负责接待，可以帮助旅客选择适合各种预算的住宿。在这里我了解到，私家车是不允许上岛的。我认为这是当局非常明智和周到的决定。

在印度，因为堵车和污染，旅游景区已成为噩梦一样的存在，虽然在某些地区，我们也有路障或者对车型的限制，但不可否认的是，印度城市的交通设施并未准备好接受大流量交通的挑战。由于游客出行的高峰期往往是季节性的，其带来的收入很难平衡这些设施的运行、维护和保养成本。从理论上来说，旅游季至少应该做到不会给当地居民带来不便。其次，旅游业本身是一个行业，所以它应该有一套系统和规范的应对措施，来适应游客流量的波动。

水，卫生，电力，食品，法律和秩序……这些方面都应当被考虑到。在印度，政府往往考虑到发展酒店行业以满足住宿，却没有考虑到水、电、卫生设施、停车位和垃圾处理需求的增加。这就是为什么印度的旅游景点总是藏污纳垢，臭气熏天，令人窒息。这些本该是最优先处理的基础事务，而事实上却正是印度当局所忽视的事务。

著名的昌迪加尔是印度的一个有着丰富文化遗产的地方。与该地区相邻的潘切库拉市 30 年前就开始发展了，而且至今城市规模已经甚为可观，远大于昌迪加尔。然而，只有一条公路可连接昌迪加尔和潘切库拉市，这造成了大量的车辆堵塞。

在印度，只有一些摇摇晃晃的公共汽车慢吞吞地来往于各地，这就是所谓的"城市交通"。印度政府花了 50 年时间，试图在首都新德里建设并提供捷运（大众快速运输系统）。但是在其他的印度一线城市中，便捷的公共交通依然是不存在的，更不要说其他的小型城镇。相比之下，中国拥有世界上最长的地铁轨道系统。北京的地铁轨道早在 1969 年就开始建设了，即使当时的中国饱受贫穷之苦。从 2009 年到 2015 年，中国计划在全国 25 个城市建设地铁轨道快速交通系统。

虽然每个国家都有合理分配和使用国有资金的权利，但我认为至少在 15—20 年内，我所居住的昌迪加尔不会拥有地铁。为了出行方便，人们只好买车。很多家庭都不得不购置两辆以上汽车用于交通。不得不说，不少调查表明，印度的基础建设发展缓慢还和政府与施工方的灰色利益关系有极大关系。在我看来，政府也应当出台相关规定，限制人们在旅游景点购买不动产。我不知道在中国是否有这样的规定，但是我知道在中国买房，地点并不是随心所欲的。

在普陀岛美丽的沙滩上，既有大型的酒店，也有当地人的民居和他们开设的餐厅。桌子露天放置，方便人们在用餐的时候享受凉爽的海风和美景。每个人有专属的一套餐具，包括一只小巧的碗，一把勺子，一双筷子和一个碟子。不过我也注意到，人们都用筷子从同一个盘子里夹菜，并没有专用的分餐工具，这似乎不是很卫生。而且我也不太会用筷子，我每次试图把食物夹起来的时候，食物都会滑下去。对我来说，用餐是一件艰难的事情。吃中国菜还有另一项挑战，就是要把吃剩的骨头吐进小小的碟子里。这些食物残渣堆满了之后，服务员就会过来把碟子收走，换上新的碟子。但是我忙着和碗里的食物奋战，往往赶不上收盘子的节奏。

餐馆服务员向我们展示了一个大鱼缸，里面的鱼欢快地游来游去，浑然不知自己即将面临死亡的命运。虽然地球上的很多动物都靠捕食其他动物为生，但是用手指着即将被杀害的"晚餐"，毫无疑问是令人不快的。我不禁想，这些可怜的生物如果知道它们身旁站着的人类即将对它们做出何等残酷的行径，它们一定会胆战心惊。人到底是怎样变成怪物的呢？

佛教在中国

晚饭后我们在路上散步，凉风阵阵沁人心脾，风中透着雪松的芳香气息。沿着海滩，成群的聚会者沉浸在欢乐之中。情侣们手挽着手相携而立，有的情侣各自举起一只手臂，指尖相触摆出心形，在相机定格的一刻，他们脸上的笑容如花绽开，眼神中闪动、流转着爱的光芒。还有把酒尽欢的好友，他们不时高声欢呼，一旁则有乐手弹奏着活力充沛的乐曲。

我们回到旅馆，准备好好睡一觉。店家提供了拖鞋，要求我们脱掉自己的鞋子。这种做法很有意思。在印度的很多地方，人们也不允许在屋里穿鞋子，鞋子必须留在屋外或门口的鞋架上。在一些南印度家庭，屋里连拖鞋也不能穿。当年我妈妈定的规矩是厨房里禁止穿鞋。她自己会穿一种叫 Khadaon 的木质凉鞋，但如果我们要进厨房，就得先脱掉鞋子并且洗干净手。

小的时候，我们总是在厨房里席地而坐，面前摆着刚出锅的热饼。现在不一样了，厨具都摆在高台上，做饭和吃饭都是站着，自然也就没有了进出厨房要脱鞋的规矩。我不太清楚别人家的情况，至少我们家是这样。

第二天一早我们出发去普济寺，这是一个凉爽而愉快的早晨。普济寺建于唐朝（公元 618—907 年），是普陀山上最大、最壮观的寺庙。龙湾山山顶上矗立着一座 33 米高的仿金铜大佛，自 1997 年建成后，大佛每年吸引着数百万朝圣者慕名前来。乘船来的人远远就能看见这个巨大的艺术品。今天，大佛已经成为普陀山的标志性景点。在朝阳的照耀中，大佛昂然伫立，做出祝福的手势，就像降临人间的上帝。

　　佛教传入中国大约在两汉之际，或许有些地区还要更早。从那时到现在，佛教深刻地影响了中国的文化、艺术、文学、哲学甚至医药。对于佛教传入中国的途径，是通过内陆的丝绸之路还是通过海路，学者们一直争论不休。北京大学的历史学教授荣新江就此作过研究，下面是维基百科中的一段引用：

　　　　认为佛教是通过海路传入中国的观点相对来说缺乏令人信服的支撑材料，一些论据也不够严谨。根据现有的历史文献和 20 世纪 80 年代以来发掘的考古图像资料，特别是最近在阿富汗发现的 1 世纪的佛教手稿，评论者认为最可信的解释是，佛教是从印度西北部的大月氏经由陆路传入汉代中国的。进入中国后，佛教逐渐与早期的道教和中国传统的深奥艺术浑融，佛的形象也越来越受到盲目崇拜。

　　不管佛教通过什么途径传入中国，在中国本土已经有道教和儒教的情况下，佛教之所以能够被接受、被崇奉，大概是因为它的说教的确能够感染众生。

去普济寺的人形形色色，有像我们这样的游览者，有拨动念珠、诵经祈祷的信众和虔诚的教徒，但是绝没有破坏和谐、玷污神圣的无赖、狂徒和顽劣之人。每个人都带着不同程度的信仰，以自己的步调接近圣地。路是石头铺的，沿着坡面缓缓向上。路面以及整个地方都像是定期冲洗过一般，而且感觉是神的安排而不是人为的结果。路上都是清洁工人，很少有人乱丢东西，即便出现一点垃圾碎屑，也会被立刻捡起或清扫干净。

沿路有一些饮水机和洗手间，但看不到做生意的流动商人和小贩。不过，在一些固定的售货亭可以买到包装食品和饮料。大概是被明令禁止，我们走在路上看不到有交通工具来往，在一些陡峭的路上倒是有轿子，我想那是为方便病弱者准备的。另外，如果有人不想走路，随时都可以乘坐索道。

我想起了我在印度去伯德里纳特（Badrinath）、克达尔那司（Kedar Nath）和维史诺第维（Vaishno Devi）朝圣的经历。我常常会思考，为什么最著名的寺庙总是坐落在山顶，而且上山的路途总是那么让人胆寒。我想到的一个原因是，这种安排有着象征意义，意味着只有克服困难才能找到神灵。不过在印度这种解释是骗人的，因为在你还没有到达神庙之前，只是一路的艰险就会让你自以为见了很多次神灵。

去年，肆虐的洪水席卷北阿坎德邦，既暴露了人类在自然狂怒时的无助，更说明了印度在面临灾难时毫无防备。必要的应急计划是不存在的。有时我会想，其他很多国家都有随时待命的紧急救援部门，而我们却要靠神明的怜悯才能生存。最脆弱的、在灾难时受害最深的是穷人，然而相似的灾难一再发生，去年是北阿坎德邦，今年则轮到查谟和克什米尔邦。

我在中国的时候留意到，几乎所有的公园里都有为应对灾难所做的安排。不同的地区都做有标记，分别用于解决搭建帐篷、直升机降落、医疗急救、消防等紧急需求。这些地方都有指示牌，虽然我没法检查设备、物资是否真正到位，但至少从表面上看，各类应急建筑是有的。

我有一个例子可以说明印度人的麻木不仁。阿奴拉格·塔库尔（Anurag Thakur）先生是来自喜马偕尔邦（Palampur）的在任议员，他的父亲是本邦的首席部长①，因此投身政界对他来说是顺理成章的事情。据说这位先生酷爱板球，他看中了西姆拉唯一的一块平地安南代尔（Annandale），并且要从印度军方手中把这块地夺过来，改造成板球体育场。尽管军方力辩需要保留该地以应对紧急状况，但塔库尔先生不为所动，认为这种应急准备毫无必要。

印度的悲剧在于，各个政党都只是在利用民众的情绪，玩弄民粹主义的噱头。公共资金时常被用于愚蠢的计划，而不必进行实用性和可行性的研究评估，最后这些资金要么是被腐败者侵占、挥霍，要么是趴在账上原封不动。

---

① 印度的地方最高行政长官，相当于中国的省长。——译者注

普济寺

早晨的风凉爽、清新，一路上尽是茂密的灌木丛和高大遮阴的树木，身处这种神圣的地方，内心别有一种平静。我正在读冯友兰的《中国哲学简史》，这本书非常精彩，对中国人的思想有着深刻洞察。我发现中国人的人生哲学和印度教非常接近。我们的经文里说，只要一个人返归内心，即便在混乱的现实中也能找到安静与平和，通过《中国哲学简史》我了解到，陶渊明在自己的诗歌里也表达了类似的想法。

冯友兰在书中写道：

在中国的诗歌里，让我们读陶渊明（公元三七二至四二七）的诗《饮酒·其五》：

结庐在人境，而无车马喧。

问君何能尔？心远地自偏。

采菊东篱下，悠然见南山。

山气日夕佳，飞鸟相与还。

此中有真意，欲辨已忘言。

然而在现在的中国，在田园般宁静、优美的环境中，我看不到飞鸟。我不知道小鸟是不是被捕捉并吃掉了，想到这里我就难过。

冯友兰先生认为上面的诗歌是道家追求的最高精神境界，他写道：

> 道家对艺术没有正面提出系统的见解，但是他们追求心灵的自由流动，把自然看为最高理想，这给了中国的伟大艺术家无穷的灵感。由于这一点，许多中国艺术家把自然作为艺术的对象，就不足为怪了。中国美术作品中的许多杰作都是写山水、花鸟、树木、竹枝。在许多山水画里，山脚下、溪水边，往往能看见一个人，静坐沉醉在天地的大美之中，从中领会超越于自然和人生之上的妙道。

整个普陀岛的布局处处闪现着艺术家的灵感，包含着艺术家对造物之神的敬畏和爱戴。我一面沉浸在深深的思索中，一面前行，在数个世纪里，我眼前的风景启迪了无数的作家、画家、手艺人和工匠，促成了他们独特的文化表达。

走了大约一个小时，我们来到了普济寺的正门。寺内殿塔林立，有供尼姑和僧侣起居、修习的堂室，也有工匠、手艺人、书法家、厨师和其他服务人员的落脚之所，他们之间像社区邻里一样相互联系紧密。穿行于寺庙中众多的门户院落之间，像是身处某个村庄，然而它又有非世俗的功能，从古代起，得道之人就在这里参悟禅机。

在较为隐蔽的地方有学校和诵经的大堂，我看到两个 10 岁左右的小孩子穿着僧袍，跟在一群僧侣的后面。我暗自为他们感到惋惜，青春刚刚萌动，就被要求否定自己所有世俗和肉体的欲念，他们的一生将在孤独和自责中度过。我在想，他们将如何控制自己的生理冲动呢？为了所谓的救赎将身体置于痛苦之中是正确的做法吗？救赎又是什么？是必要的吗？从生死轮回中解脱出来是灵魂的真正归宿吗？如果是，那么自我克制、否定、苦行、忏悔、折磨肉身也是合理的吗？

我想知道是谁把小孩子送到这里来的，他们只有忍受痛苦才能取悦神灵吗？在本应该玩耍的年纪，他们却忙着拨动念珠，死记冗长的经文，反思自己的"迷失"……在没有幸福的地方，谁能看见幸福呢？数百万这样天真年纪的孩子被戒律束缚，仅仅因为这些戒律写在几千年前问世的书中，能够带来救赎，我们就相信它的真实性，没有人敢于质疑。

在世界上的一些地区，数千名极端的信教者正在学习如何对异教徒实施割喉，同时毫无悔意，他们绕过安全机构加入敢死队，随时准备献身，为的是改天换地建立一个新世界，在这样的世界里，只有一套说教应该被遵守、只有一种信仰应该被承认。没有人比传教者更容易怀疑按经书行事的真实效用，不过在我看来，如果他们传播的是和平、和谐与共存，那还无可厚非，要是他们宣扬仇恨和杀戮，我们还能认同吗？

陶先生指着远处高于海面的一大片陆地让我看，那里的形状看起来像一个仰卧着的巨人。他告诉我那座山在当地人看来非常神圣，因为它很像安眠中的佛。聚集在山顶上的云可能也会被说成是类似其他的什么东西，这取决于观看者的想象，不过云的形状变化太快，就像我反复无常的思绪，相比之下，睡佛可能从远古时代就已经躺在那里了。

我在猜想，要是这座山是一座火山，并且来一次大爆发，人们就会编出睡佛震怒的故事，睡佛震怒是因为人的狡猾、堕落、罪恶，因为人性的无可救药，诸如此类。然而人其实还是原来的样子，他们一贯自私、爱财、贪婪、自负、野心勃勃、异想天开，也一贯善良、高尚、体贴、心思缜密、富有同情心。人类带着这些共生的品质推动世界不断进步，就像云中的闪电和雷鸣符合自然的和谐准则，在地下静静地积蓄力量并且终将爆发的火山也不会破坏四季更替。

我们乘缆车上了峰顶，这里的路非常狭窄，飘动的云层很低，更低处就化成了雾气。我真切地感觉到我们就像在云端行走，近在眼前的大佛塑像犹如真神的化身。

这里有风、调、雨、顺四位神灵的塑像，他们各守一方。圣火在火槽里燃烧。人们点起大把的香烛，一个接一个手捧香烛向四方躬身行礼。有一座神像供人们绕行、跪拜，通往神像的台阶两旁各有一头石狮子镇守。

我不清楚今天的中国人和宗教还有多少联系，不过看起来多数人都延续了父辈的信仰，不像有些人只是单纯的模仿。所以我认为，尽管曾经被定义为封建迷信，受到限制，但宗教仪式并没有完全被中国人抛弃。我记得一个中国同事曾经告诉

我，五千年的文化传统不会因为几十年的社会和政治变革而
没落。

这里的静穆直抵内心，哪怕一个无神论者也会受到感染。
看起来，要是你对灵魂的新生抱有希冀，这里就是最好的应许
之地。《薄伽梵歌》是印度教圣经中的经典，神明克里希那在
书中说：

> 看到我无处不在，也看到我一切内在的人，我不会失
> 去他，他也不会失去我。（VI – 30）
>
> 我是泥土纯净的芳香，是火的光焰；我是无所不在的
> 生命，是修道者的苦行。（VII – 9）

我从宗教想到了哲学。宗教是一种哲学，这种哲学里
的一些内容可能只适用于著作诞生的那个时代，另外一些
内容则是对人生普遍规律的概括，具有超越时空的永恒意
义。所以有必要阅读和理解经书，区别过时的和具有价值
的思想，而不是单凭感情、不加理解地吟诵。被多数人接
受的东西未必是经过检验的，相反，这只是人们一厢情愿
的假设。我们相信世界和宇宙都是神创造的，这种创造不
容置疑，不能用常理来解释。然而到处都是神的创造，我
们却看不到上帝。

中文和印地语的不同待遇

一路上有许多保持清洁、保持安静之类的提示牌，用来防止那些破坏圣地清净的行为。还有一些提示是关于抵制并举报随意提价的商贩。我发现英语提示经常出现语法错误，这不是偶然现象，因为我很快就习以为常了。

这些英语提示不是写给中国人看的，而是逗外国人开心的。中国人从没真正感到需要学习外语，中国在进步，由中国制定国际规则、将中文推向全世界的一天已经不再遥远。在自己的国家学一门外语与到国外做学生学习外语是不一样的，区别在于能否掌握这门语言的细微之处。翻译也是如此，很难将一种语言翻译到另一种语言同时又能保留准确的意思。

就如冯友兰在《中国哲学简史》中所说：

> 任何人如果不能用原文阅读某种哲学著作，要想完全理解原著，的确会有困难。这是由于语言的障碍。中国哲学著作由于它们的提示性质，语言的困难就更大。中国哲学家的言论和著述中的种种提示，很难翻译。当它被翻译成外文时，它由提示变成一种明确的陈述；失去了提示的性质，就失去了原著的味道。
>
> 任何翻译的文字，说到底，只是一种解释。当我们把《老子》书中的一句话译成英文时，我们是在按照自己的

理解来阐述它的含义。译文通常只能表述一种含义，而原文却可能还有其他层次的含义。原文是提示性质的，译文则不可能做到这一点。于是，原文中的丰富含义，在翻译过程中大部分丢失了。《老子》和《论语》都有许多种译本。每个译者都不免认为其他译本不够满意。但是，无论一个译本如何力求完善，它总不及原著。只有把《老子》和《论语》的所有译本，加上将来的各种新译本，才可能显示《老子》和〈论语〉原书的风貌。

每个写信给我的中国人都会为自己蹩脚的英吾向我表示歉意，不过有时我会发现，其中一些人的英语甚至比我还好。实际上，印度人总是在写英语的时候担心语法，在讲英语的时候担心发音。在西方电视剧和好莱坞电影中，印度式的英语只会被嘲笑。我曾经跟随一位船长共同出海，这位船长每当要起草公务信件的时候就会来找我，但凡是包含四个字母以上的单词，他都要问我如何拼写。不过，即便如此，还是有越来越多的印度人来到英国和美国，在学校和大学里给那些母语是英语的学生教授英语。

有生以来，我还没有遇到一个外国人能讲印地语，就算不考虑发音标准与否的问题。有人可能会说，印地语毕竟不是世界通用语，只有成为国际交流的正式语言，现状才可能改变。不过，在这种荣耀降临之前，印地语必须首先被印度国民接纳，成为印度的国家语言。设立印地语为印度的匡家语言既不会拉低其他地区方言的地位，又可以展示印度的民族团结和国家自信，不过多数南印度人不仅不会同意，还可能要大发脾气。不仅是南印度人，除了本来就讲印地语或者方言类似印地语的各邦之外，恐怕其他邦的人民都要怪我乱发议论。

中国也有很多方言，但汉语却能作为国家政策成为标准用语，没有人抗议，也没有人发表不同的意见。中国领导人到国外出访，和外国领导人讲的就是汉语。瓦杰帕伊是第一个果断宣布要用印地语进行出访交流的印度总理，这对于他的前任来说不仅是不可想象的，甚至会被视为有失身份和尊严。

山上散布着很多寺庙，我们只能看主景区附近的一些。回来的路上，我们去了因精致的木雕和古建筑而闻名的法雨寺。普陀山的寺庙很干净，我也去过其他国家的宗教圣地，甚至包括梵蒂冈城和罗马的各大教堂，不要说和印度相比，我在世界的任何地方都没有见到像在中国见到的寺庙这般干净。不过日本的寺庙是个例外，虽然有一些我去过的日本寺庙我已经记不太清，但我敢说它们的保养是没法超越的。

在印度，阿姆利则的金庙和南印度的蒂鲁帕蒂（Tirupati）的清洁保养是比较为人称道的。印度寺庙真正的迷人之处，在于人们总是带着热心、忠诚、虔敬和无限的宗教感情去祈祷，在于比肩接踵的朝拜者和他们的耐心。相比之下，虽然中国寺庙里的朝拜者内心有同样的宁静和神圣之感，但他们明显缺乏热情。我看到人们焚香、祈祷，像我们在印度的做法一样，在不同的神像中，有很多和我们在印度看到的神也是一个样子。

除了寺庙众多，普陀岛的另一大特点是植被丰富、森林茂盛，这与岛上温暖潮湿的气候息息相关。任何人都会愿意在这样的环境中度过一天自由的时光。

返回途中我们还看到了种满荷花的巨大湖泊，我们停下来休息，好奇地看着一些人列队经过。卖古玩、饰品、护身符和各种小玩意的商贩在一边忙得不亦乐乎。后来我们在一家客人爆满的餐馆就餐。这里的一些餐馆可以吃到全中国花样最多的海鲜，可惜我那时候还不怎么会品尝中餐。对于很多借闲暇时间来普陀山游玩的人来说，新鲜的海味是不容错过的。

普陀山虽然名声在外，海拔却并不高，即便老人来这里旅行也不会很吃力。由于最高峰也不过高出海平面 300 米，所以多数山峰都可以乘坐收费很低的缆车到达，对那些没有兴趣徒步旅行的人，大可以选择便捷的公共服务。

沿着台阶下行，面对的是深蓝的、迷人的海。刺眼的太阳在海面上反射出梦幻般的微光。银色的沙滩顺着海岸延伸开来，人们坐在那里沐浴阳光，嬉戏的孩子尽情发挥创造和想象。海滩边的餐馆总有做不完的生意。

普陀岛上有两片海滩，分别叫作千步沙和百步沙，都在岛的东岸，他们被一座石山分开，著名的朝阳阁就坐落在这座山的山顶上。朝阳阁是看日出的绝佳之地。朋友告诉我山里还有同样著名的朝阳洞，不过我们已经没有时间去看。

第五章

在秀山的最后时光

▷▷▶

中国比印度更团结

中国人非常重视国家的内部团结，而印度往好了说也只能算是各邦政权的松散集合，各邦之间没有任何感情沟通。基本上可以说，拉外人来对付自己人是印度人的本性，这在过去导致了印度的衰落，今后也是印度的大敌。

我们的各邦之间有河水分配争端，有语言使用争端，更为严重的领地争端已经进一步将国家分割为许多更小的邦。我们的宗教分裂导致了暴乱频仍，种姓隔离则是很多社会痼疾的根源，我们经常看到某些种姓和特定群体遭到其他种姓、群体的迫害。

不同省区的中国人相互之间也有偏见，但中国政府能够将他们团结起来。人们共享自然资源，共用官方规定的语言，没有宗教立场的对立，种族和阶级的分化同样也不存在。正是在这些前提下，中国得以成为统一而强大的国家。与此不同的是，印度政府的政策却在进一步制造裂痕，不同种姓、不同宗教的人被区别对待，使得社会中充斥着敌意与仇恨。

马丁·雅克在他的《当中国统治世界》一书中从三个维度讨论了中国的团结统一。他总结为：

1. 国家和人民将团结统一视为优先考虑的基本意愿。

2. 维护并确保国家统一是中国当局设定的核心任务。

3. 作为同根同源的中国人，国民有着共通且强烈的身份认同感，这支撑了上述关于国家统一的雄心与承诺，避免了国家内部的纷争和战乱。欧洲数个世纪伤痕累累的历史正是由战乱不休导致的。

中国人的思想深受孔子影响。由于生活在战国时代，孔子目睹了整个社会为动荡与冲突所付出的巨大代价，所以他积极传布和谐的重要性。从19世纪中叶到20世纪中叶，在这段分裂时期，中国为内部混战和饥荒付出了巨大的代价。后来的中国吸取了教训，而印度没有。亚历山大大帝打到印度的时候，印度是分裂和战乱之国，经过莫卧儿王朝时期之后，印度又被英国人接管。印度的历史中充满了国人为了蝇头小利与敌人密谋的故事。

马丁·雅克说："到20世纪中叶，中国王朝时期的贵族阶层就已经被推翻了，结果就是他们的权威扫地。而在此之前，从唐代起（公元618年到公元907年），上层的贵族和官僚就享有着至高无上的威严和诸多特权，服务于官僚选拔的科举制度则堪称完备。"

印度一直都是贤哲辈出的地方。为了研习经典，他们不得不抛开家庭的安逸与羁绊。他们常常是丛林隐士，谨守独身主义，遵循着斯巴达人的生活方式。印度教的经典《吠陀经》就是这样靠口头教授流传下来的。

印度有史可考的最早的学校是诞生于公元 3 世纪的婆帕吉（Pushpagiri），现在属于奥里萨（Oddisha）邦。比哈尔的那烂陀大学在公元 5 世纪建校。

印度按照精英的标准培养人才，只有精英才有权威的地位。英国人在印度的统治结束之后，新的印度政府推行配额政策，选择性地提高少数族群的待遇。配额可以分配给 OBC（其他落后阶层）、SC（列表种姓）、ST（列表部落）和其他少数族群，但配额政策也导致了权力滥用，印度政府里因此多了不少溜须拍马之辈，他们除了政府工作什么也做不了，而政府的低效和腐败则日甚一日。

而在中国，在邓小平推行的经济改革赢得公众支持之后，中国政府专注于施行儒家思想和传统美德的教育，与此同时，邪教传播活动被视为社会动乱的潜在因素，并受到政府的严厉控制。可以说，中国政府的思想纯粹是基于维护执政地位的长远考虑。

西方人才是真正的外国人

中国政府的政策能够畅行无阻，一个原因是多数人似乎没有表达意见的习惯，他们在很多问题上都倾向于中立，少有强烈的支持或反对。我看过关于中国的电视节目，也和一些中国同事有过交流，得出的结论是中国人喜欢与主流保持一致。他们用热情对待香港回归，主动向台湾发出同样的呼声，不需要再举更多的例子，这些就足以说明中国人的思维方式。再看看印度人，我们从没想过印度有必要和巴基斯坦完成统一。印巴分治是脑袋发热的领导人屈从英国安排的结果，但它给印度解决了什么问题呢？

我的父母像很多印度人一样出生在巴基斯坦，他们对儿时的记忆念念不忘，一直渴望重访那些曾经生活过的地方。很多人相信，宗派的暴力冲突告歇后他们就能回家，他们中的很多家庭，贵重的首饰还埋藏在自己家的后院里。他们没有意识到，重返故土将是永远都不可能的了。所有这些分裂和人与故乡的分离都是粗暴无脑的领导人带来的。我在电视节目里看到争端的制造者乐此不疲，毫无疑问，战火还将继续燃烧。

中国在鸦片战争中蒙受战败的耻辱，甲午海战再遭日本重创，赔款、割台、进一步开放通商口岸……中国经受过太多伤痛，伤口不停流血，稍加梳理历史就能激起人民的义愤之气。19世纪与20世纪之交，英国、法国、日本、德国、美国、比利时、俄国，所有这些围拢而来的国家都向中国主张权利，而今日中国以崛起之姿一改贫弱的旧貌，终于能够发出自己的声音。

相比之下，印度的领导人为了赢得支持不惜鼓吹分裂。没有人谈论民族和国家的统一，至少在莫迪上台之前是这样，他能从首席部长升至国家总理殊为不易，因为他曾受到谴责，原因是插手 2002 年发生在巴罗达的反穆斯林骚乱。

中国共产党统一了中国，让中国人得到了渴求已久的民族自豪感，在毛泽东主席的领导下，民心和国力得以重新凝聚起来。中国共产党的指导思想是马克思主义，然而马克思主义在中国之所以能够胜利，与中华民族本身的关系更大。实现传统大国的复兴和推进现代化是共产党执政的两个主要目标。

马丁·雅克先生认为，西方人要理解中国和中国人很难，这是因为，大部分关于中国人的研究和著作，其基本考察对象要么是新加坡，要么是香港。尽管这两个地方都是华人为主的社会，但这些华人并非真正意义上的中国人。他们早就脱离了传统中国人的心态，因而更像是背井离乡的西方人。

请让我引用马丁·雅克书中的一段话：香港在将近一个半世纪里都是英国的殖民地，至今仍带有殖民印记，而新加坡则致力于成为西方跨国公司在亚洲的大本营、亚洲腹地的"小欧美"，这种诉求比同地区的任何国家都要强烈。这些地方的华人不去学习普通话或粤语并不奇怪，因为他们感觉没有必要。最终的结果是，多数到访这些地方的西方游客、商人或者定居者，他们的大多数时间都在一种熟悉的、被过滤的、西方式的环境中度过，他们并没有真正生活其中，而是让西方文化反客为主，所以他们看待当地的眼光只能是西方的，结论也会与事实存在偏差。

　　就像西方的现代性一样，亚洲的现代性不在于硬件而在于软件，在于价值和信仰、习俗、制度、语言、节日和仪式、家庭的作用。这些要更难被洞悉或理解。

　　对西方人来说的确如此，但东方人要相互理解则容易得多。在中国，我虽然生活在中国人中间，但和他们的交流很少，因为我一句中国话也不懂，也没想好好学习一下。不过我从没感到别扭。和我沟通的中国人都是较低等级的技术人员，他们没法向我剖析中国人的精神世界。我之所以能够理解中国人的思想，原因不是别的，而是中印文化和人生哲学的相似性。我敢说，任何一个西方人，哪怕在中国生活几十年，他对中国人的理解也没法达到这种程度，因为对我们来说，西方人才是真正的外国人。

　　身在中国，我甚至我的妻子没有一天感到过远离家乡。当然，沟通是一个问题，在我找到印度商店之前，食物也是一个问题，但我们在中国遇到的所有麻烦也仅此而已。我们在中国逛街、购物、讨价还价和在印度一样，只不过这里没有印度的混乱和成堆的垃圾，也没有政客们的口沫横飞。我们从没感到威胁或茫然。我妻子甚至可以按农历的吉日去寺庙礼拜，她在中国的佛像和不同于印度的一众神明前跪拜时，内心的信仰和敬畏和在印度寺庙中一样。因为中国的吉日也是以农历计算的，她去寺庙的时候总能看到寺里香客如织。

　　我们显然爱上了中国，我们盼望着再回中国看看。我的姐姐、姐夫和堂姐、堂姐夫都是严格的素食者，他们过去敢来上海看我，是因为我可以保证他们的饮食。即便是他们，也没有感觉待在中国有什么不适应。我在中国开始写博客的时候，有太多的东西想写给印度的同胞看。我希望我们印度人都知道真实的中国是什么样的，现在的中国和中国人对我们友好、周到，因为对印度了解不多，他们都非常好奇。

我写的文章未必能吸引很多读者，不过中国人会从中发现我表达了他们的很多想法，所以他们读起来应该也不会太乏味。能够拥有众多粉丝我感到很骄傲。一些粉丝告诉我，有些浏览《印度时报》和 Rediffmail 网站的中印网友会互相攻击、对骂，但我认为那不过是邻居男孩之间的玩闹。我敢说，只要他们有机会去一次印度或中国，见见那里的人，他们的敌意即便不会完全消失也会大大减少。

我在秀山住了八个月左右，生活慢慢变得有点乏味。除了每个周末去定海，并没有很多活动，任何有趣的事情一做再做，也就失去了原来的魅力。我从来不是一个电视迷，而且在秀山看电视，只有一个我没法看懂的地方频道，不过里面的一些舞蹈节目倒是让我感到了学习中文的必要。从那时起，我尝试了很多次，但几乎每次都是立刻就放弃了。显然我需要一个好老师，也许还得是一个漂亮的老师。

彼得·海斯勒在《江城》中提到，他的中文老师迷人但有些高冷，他感到他的活动在受到某种监视。说实话，我在中国从没有过类似的感觉，没有人盯着我，也没有人检查我的文件。我甚至也不认为跟我接触的人会受到任何限制。

　　按照海斯勒先生的观察，中国人有足够的理由对我这个印度人保持警惕，但事实是完全没有类似的情况，连丝毫的迹象也不存在。当然，可以肯定的是，中国警察一直都知道我在哪里、在做什么事情，不过我也可以告诉你，在我停留秀山的八个月里，我连一次警察也没见过。

中国人不喜欢吃什么？

　　日子越发平淡无奇。两艘造好的新船正在准备交接。轮机试验中的系泊试验正在进行，最后的试航也在准备之中。7月，室内已经极其炎热。我的住处只有一台空调，在楼上的卧室里，所以我只好麻烦房东帮我弄来一台风扇。每样东西都要掏钱买，而且要去定海才能买到，真是令人头疼。

　　船厂因为暴风来袭停工四天，我没处可去也没事可做，只好听听音乐上上网。写博客的想法就是这时候产生的。我过去在网站上申请过一个账号，重新登录的时候，只记起一个似是而非的密码，不过竟然被我猜对了。从此写博客就成了我的一件正事，不过，在博客中记录中国见闻的想法并非心血来潮，而是经过深思熟虑的。

　　在中国，我已经习惯面对整只动物做成的肉食而不再感到恶心。实际上，我甚至动起了筷子，主动拣一些脱落的碎肉来吃，虽然有些刻意，但至少就鱼肉来讲，我可以做到不太反感。我没有试过对虾，中国人非常喜欢对虾，不过中国人好像什么都喜欢。是的，但凡地球上能找到的肉类，我非常怀疑哪一种是中国人不喜欢的。

出于好奇，我真的用谷歌搜索了一下："中国人不吃什么肉？"现在让我看看搜索结果，增长一下我们的知识——我本来打算在这本书中多多展示我的幽默，但又害怕显得愚蠢、被人厌弃。

搜索结果的第一条是蟹肉馄饨（加奶酪的）。文章里说这种馄饨是用蟹肉混合奶酪做成的，不过问题不在于蟹肉，而在于奶酪，中国人是不大吃奶酪的，奶酪混蟹肉更非常人敢想。那么问题在于，麦当劳敢在中国开店而且还能大获成功，是怎么做到的呢？好吧，我承认这就是商业——把你的商品卖给那些不需要的人。我曾经在一个故事里读到，一个骗子经常在海滩上兜售一种彩色的沙子，他的花言巧语让买家相信这种沙子有包治百病的神奇疗效。

在莫迪曾任首席部长的印度的古吉拉特邦，麦当劳里可以买到"素食比萨饼"，因为这里的人多数是素食者。

这让我想起一件旧事。当时我在泰州的船厂工作，有个订船的印度船东和他的夫人来我们这里接船，为此，船厂发动了很多人去找一个能做印度菜的厨子。结果厨子倒是找来了，但令人大失所望。我也参加了他们的招待晚宴，宴上的印度菜即便用一般的标准评价也是难以接受的。

泰州是没有印度餐馆的，不过船厂本来可以去无锡或上海请厨子来，可能他们觉得客人停留的时间很短，不值得大费周章。这就苦了船东，他回到自己的房间后肯定要拿出自带的饭食小补一餐。食物对于亿万富翁和贫苦百姓一样重要，印度人到中国来，最大的顾虑也一定是食物。

麦当劳、肯德基，甚至可口可乐和百事可乐，作为美国消费主义的伟大象征，它们都有着很大的包容度，一旦把市场做起来，地位就很难被撼动。在印度，肯德基的第一家店面在班加罗尔开张几个月后，就迎来了反美游说团体的抗议，而原因并非市场本身，更有可能是触动了部分人的既得利益。破坏者砸碎了店里的玻璃，损毁了设备和家具。

这已经是大约十年以前的事情了，如今在印度的多数一、二、三线城市，不仅有肯德基和麦当劳，几乎所有的国际快餐品牌都做着顺风顺水的生意。每次国外的大品牌要进入印度消费市场都会遭到抗议，机会主义的政客也会借此煽动小商贩的生存恐慌情绪。不过最后总是政府向市场让步，外商顺利进入。家乐福和沃尔玛都是这样，而在社会主义的中国，它们的生意也风生水起。

如果我们的身体有发言权；这样说显得奇怪，换一种说法，如果身体需要能决定我们的主观选择，那么我们会拒绝所有的垃圾食品和汽水，然而垃圾食品大行其道，说明我们根本不为身体考虑。

全世界都认为牛奶是人类所知的最有营养的食物之一，但中国人看起来不吃这一套。中国人较少喝牛奶，虽然他们在婴儿期也喝母乳。豆浆似乎是牛奶的替代品，在中国的超市里可以买到豆浆机，相比之下，牛奶、乳酪、酸奶等奶制品虽然也都可以买到，但这些都不是多数中国人日常饮食的一部分。而对印度人来说，没有牛奶或炼乳的生活是不可想象的，甚至印度的糖果也多是奶制品。

在美国，也可能是在欧洲，动物爱好者们曾经发起过抵制牛奶和奶制品的运动，他们认为产奶动物不应该沦为人类的生产机器。一些没有得到广泛认可的研究则指出，人类的很多疾病与食用牛奶不无关系。研究发现，乳糖不耐的人不在少数，这是一些疾病的根源。

我曾经读过一篇惊人的文章，作者是英国的一名女外科医生，她因为癌症失去了一个乳房。当她了解到中国女性的患癌率很低，而原因可能是中国人不喝牛奶，她在文章中说，这让她感到沮丧，她准备就此做一些尝试。作为一名医生，她认为自己应该尽量避免食用牛奶和奶制品，而在她付诸行动之后，她另一只乳房中的肿块奇迹般地开始萎缩，最终彻底消失——她用很短的时间就摆脱了癌症。这个故事精彩但不真实，很多中草药混合物的疗效也是这样被吹捧的，即便事实的确如此，产值数十亿美元的乳品加工业也不会坐以待毙。

我吃虾的经历

让我们再说说不受欢迎的蟹肉馄饨。中国人因为不喜欢里面的奶酪而拒绝蟹肉馄饨，那么，你是不是会像我一样发出疑问，他们干吗要发明一道自己不喜欢的食物呢？第一个发明蟹肉馄饨的人可能是突发奇想，但既然是一种糟糕的尝试，何至于成为一道正式的中餐呢？我的解释是，实际上，蟹肉馄饨可能是一个融合了中美饮食习惯的创造。

　　这种创造类似于印式中餐或者美式炒杂碎①。美式炒杂碎不是纯粹的美国菜或中国菜，却是每个经常光顾中餐馆的印度人的最爱。不过我敢说，要是有中国朋友到访印度，并且随我去一趟中餐馆，他一定会痛苦地在地板上打滚。

　　除了蟹肉馄饨，谷歌的搜索结果还显示，中国人不吃左宗棠鸡。文章里说，所谓的左宗棠鸡就是炸鸡块配西式甜酱，这种又甜又酸的鸡肉不符合中国人的口味。中国人也不吃宝宝盘，这是几种肉食和蛋卷的杂烩。总而言之，我们印度人吃到的中餐中国人压根不会碰，真正的中餐我们也接受不了，不过，我还没有找到中国人不吃的肉类，因为中国人对此来者不拒。

　　在定海，我曾经坐在一个狭小、拥挤的餐馆里试吃对虾。我所面对的考验是，对虾端上餐桌的时候都是完整的，触须、眼睛、虾脚一样也不缺。中国人吃对虾，会用筷子从中间夹起，然后掐头去尾、吃掉其余的部分。我鼓起勇气慢慢尝试，因为船厂的晚饭经常有对虾，我必须适应。

---

　　①　一种美式中餐。——译者注

我用手拿起一条对虾，去掉头尾和虾脚，然后翻身、抽去肠线，也不管剩下的是什么，一口吃下。整个过程我的魂魄都在颤抖，而这只对虾的魂魄可能已经投胎到了另一只身上，也可能跨界成了另一种生物。

我吃的虾都是死掉的，后来，我又在韩国餐馆里吃烤活虾。服务员来到餐桌边向我们做展示，可能是为了让我的同事确认虾的确是活的。我不太清楚虾是怎么烤的。为了让虾更加美味，韩国人对这些可怜的东西真是残忍，相比之下，中国人远远落后。我听说韩国人也吃幼龄猴子的猴脑，上网搜索后发现，猴脑竟然在很多国家都有市场。

我们点了烤活虾不久，服务员推来了小烤架。然后是可怕的一幕：一些鲜虾活脱脱地被放在了烧烤中的铁格栅上。它们出于求生的本能扭动起来，其中一只成功地摆脱烤架，跳到了我的膝头，我的反感和慌乱惹得同事们哈哈大笑。同事中有菲律宾人，也有中国人，我的反应在他们看来显然有些夸张。然而对于一个在印度教环境中长大的人，看到为了更好的味道而把活虾烧烤是很难承受的。

印度教认为，对任何生灵都应该心存怜悯和爱护之心，它们都是上帝的造物。印度人会在蚁丘附近撒面粉供养蚂蚁，会把揉好的面团投在水里喂鱼，大街上的牛和流浪狗都有人照料，孩子们会看到他们的母亲经常做一块烤饼给牛改善伙食，人们对植物也心存敬畏。

在美国的商场，我曾经看到有顾客选中了一只龙虾，这只龙虾随后被售货员从玻璃水箱里夹起来，径直扔进了烤箱。这个画面在我的脑海中停留了很多天，萦绕不去。当然，作为一个非素食主义者，我没有充分的资格对人们残忍对待其他生灵的行为说三道四。不过我认为，人类还是应该尽量保留人道的一面，问题是我们的底线应该如何确定？

在西方，有很多针对中国人和韩国人吃狗肉的指责。什么原因呢？既然我们可以吃很多种肉，为什么单单狗肉不能吃呢？西方人有权制定道德标准吗？当我们拍死一只蚊子，打死一只苍蝇，或者在屋里喷洒杀虫剂的时候，我们认为有什么不妥么？当我们因为受到病毒或细菌感染而生病时，我们可以不吃药吗？

去上海工作

过去出海的时候，我习惯写很多诗歌，因为当时互联网还没有非常普及，也因为船在海上变动不居，要随时上网并不是一件容易的事。我会把记下的思索和感受暂时放到一边，留待稍后的某一天整理，不过我写得实在太多，因而常常没有时间细细浏览和回顾，有很多被忘记了，就一直埋藏在日记本的某个位置。不过在此后的写作中，我常常能想起曾经的所思和所记，再去翻开日记本查找，有些时候也能找到。

我已经开始写一本类似回忆录的书。书的名字我打算定为 *Pee at Sea*，也就是 PSC 的谐音。PSC 的意思是港口国管理

（Port State Control），而它的谐音 Pee at Sea 则可以表示船员对于港口国当局的检查人员在检查抵港外国船只时的忐忑甚至恐惧。这些检查人员会登上船，对可能存在的违规的、对人身安全和环境容易造成危害的物品进行严格搜检。船员之所以害怕，是因为任何被检查人员指出的不合格的地方都需要纠正，否则船是不能离港的，而船只滞留的代价非常大，上层的负责人也会打电话过问。

为了接手另一个造船项目，我要从秀山的船厂转到上海的外高桥船厂和江南船厂，这两家船厂同属于一家大公司，坐落在长江入海口。我没有太多物品，有的主要是一些做饭用的厨房用具，我要用它们做一些尽可能接近印度人口味的饭食，所以不能丢下。我到定海另买了一只行李箱，把我全部的厨具都装了进去。我能带走的东西很有限，这让我不胜烦恼。

我一直都是坐船去上海，和以往不同的是，这次我是一个人，必须孤军奋战。我把所有的行李都装进两个带轮子的旅行包里，背包也塞得鼓鼓囊囊。我只认识一个出租司机，她是个寡妇，也可能是被丈夫抛弃了，她看着我下车的时候，眼睛闪闪发亮。我想打听她的人生故事，想知道她的丈夫去了哪里，有过孩子没有，但这里是中国，我在这里和哑巴动物没有区别。

渡轮码头装有钢板和格栅做成的折叠桥，不可能拖着带轮子的旅行包通过，我拎着它们才上了船。顺便说一下，在船上，我遇到了一个去上海做项目的船级社验船师，他帮了我大忙。我们在上海下船的时候，他告诉出租司机带我去另一个码头，我可以从那里坐船去长兴岛。尽管去另一个码头几乎穿了大半个城，司机收了我差不多 200 块，我还是庆幸遇到了验船师。没有他，我真不知道自己一个人该怎么办。

在中国，人们会真诚地帮助你，即便他们不知道你需要什么，也会很热心，他们愿意为此尽己所能。我之前说过，他们的这种人生哲学和我们印度人非常类似。在冯友兰的《中国哲学简史》里面，作者谈到了儒家哲学中的"仁"：

> 爱家人，推而至于也爱家人以外的人，这也就是行"忠恕之道"，回过来说也就是行"仁"，这都是孔子倡导的。这其间并无任何强迫，因为一切人的本性中都有恻隐之心，不忍看得别人受苦。这是"仁之端也"，发展这一端就使人自然地爱人。但是同样自然的是，爱父母总要胜过爱其他一般的人，爱是有差等的。
>
> 儒家的观点是这样。墨家则不然，它坚持说，爱别人和爱父母应当是同等的。这会不会弄成薄父母而厚别人，且不必管它，反正是要不惜一切代价，也要消除儒家的有差等的爱。孟子抨击"墨氏兼爱，是无父也"的时候，心中所想的正是这一点。

与儒家哲学的观点类似，按照印度教的观点，超越孝道、兼及众生的爱是一种崇高的思想境界。书中还借《庄子·秋水》的故事谈到庄子对"大"与"小"的命题的阐释：

> 这个故事说，秋水时至，百川灌河，河水很大，河伯（即河神）欣然自喜，顺流而东行，至于北海。他在那里遇见了北海若（即海神），才第一次认识到，他的河虽然大，可是比起海来，实在太小了。他以极其赞叹羡慕的心情同北海若谈话，可是北海若对他说，他北海若本身在天地之间，真不过是太仓中的一粒稊米。所以只能说他是"小"，不能说他是"大"。说到这里，河伯问北海若说："然则吾大天地而小毫末，可乎？"北海若说："否。……计人之所知，不若其所不知；其生之时，不若未生之时。以其至小，求穷其至大之域，是故迷乱而不能自得也。由此观之，又何以知毫末之足以定至细之倪，又何以知天地之足以穷至大之域？"他接着下定义，说最小"无形"，最大"不可围"。

这让我想起了我父亲的一些话，他每天祷告时都会反复吟诵：你小之又小，大之又大，渺渺宇宙，都在你胸中。印度教经典中的思想认为，越是细微的思想和事物，越具有广泛、普适的价值。

冯友兰还在书中说：

"天与地卑，山与泽平"。这也是说，高低之为高低，只是相对地。"日方中方睨，物方生方死"。这是说，实际世界中一世事物都是可变的，都是在变的。

我不能不为中国哲学和印度哲学的相似感到吃惊。

第六章

在上海开始新生活

酒店里没有早茶

渡轮站一片繁忙的景象。那时候，渡轮是连接陆地与岛屿的唯一途径。有个人帮我把行李运到了船上。我向他道谢，他用蹩脚的英语告诉我，他在船厂工作，就是我要去的那家船厂。我并没有告诉他我要去船厂工作，但是他猜到了，因为除此之外，外国人去那个岛上没有别的事情可做。他告诉我他认识现场经理，这个人在船厂工作，是我的一个朋友。我下船的时候，他会去那里接我。

我在酒店待了一些日子。我看到了黏糊糊的看起来像燕麦浆的东西，有些潮湿的蛋糕，煮鸡蛋和厚厚的黏稠的剩面条，它们都以早餐的名义在等着我，这一切让我感到惊恐。在饮水机中，仅有一点乏味的橙汁饮料和一些豆浆。

初到中国的时候，作为一个印度人，我无法想象没有早茶该如何开始新的一天。后来接触到了茶，我发现中国人喝茶的方式和我们不尽相同。中国人主要喝绿茶，这类茶在中国的市场上有几百种。饮茶的习俗在中国约有五千年的历史。印度人喝煮茶和烤茶，加牛奶和糖，我不知道这种习俗在印度是如何流行起来的。

让饮茶在印度流行开来的是英国人，英国人的贡献可能也包括茶在印度的种植。我母亲曾告诉我，当初宣传车会开上街头，拿出煮好的茶供好奇的路人免费品尝。渐渐地，茶成了印度家庭的主要饮品，到今天，印度可以消费世界上 30% 的茶。过去，印度人经常用草本茶治疗各种疾病，也许英国人从中看到了商机，认为可以借此推广他们的产品，使之成为主要的财源，事实证明他们做到了。甚至在今天的印度，含有豆蔻、辣椒、生姜、肉桂等多种成分的玛夏拉红茶（Masala Tea）仍是很多印度人的最爱。

英国人从将这种饮料引入人们的生活中看到了巨大的潜力，这无疑也是一种商誉。到今天，茶已经成为一个产值高达数十亿美元的产业。过去英国人在比哈尔邦的大片地区种植鸦片，然后卖到中国，事实上，英国人向中国发起战争强制中国人允许在华售卖鸦片，这简直就是霸权欺人啊！他们将印度人当作苦工，在毛里求斯和西印度群岛种植甘蔗。

现在在酒店，我只能放弃我对早茶的渴望，甚至早餐也没有茶喝，实在令人烦恼。中国人一般不会把早餐和其他几顿饭区别开来，虽然诸如点心之类的食物只有在早餐时会吃。墙上挂着平面电视，里面很多漂亮的女孩子正在唱着动听的歌曲，然而这还是无法让我兴奋起来。我努力地用筷子将面条夹起来送到嘴里，筷子是这里我唯一可以使用的吃饭工具。我在不断地努力、尝试，考验自己的耐心，否则我就只能放弃。你可以想象我努力挣扎的结果。如果你想不到一个合适的形容词来形容我当时的无肋，我想"灾难一般"再合适不过了。

最终早班车的到来帮我做了决定，我只能把早饭丢下，匆匆忙忙地冲出门去。汽车沿着一条长长的笔直的公路行驶。路边是两排笔直的树木，好像被命令要这样站着，或者遵守纪律，以这种完美的秩序生长。我在秀山的时候，曾看见过在新修的路边栽了一些小树，但是直到现在，我是第一次遇见在一条这样平凡的乡间路上会有如此完美排列的树。

自我第一次来到中国，到现在已有五年之久，当我在写这本书的时候，我的粉丝们已经寄给了我数百张照片。我知道，至少在那些被中国的发展成果所惠及的地区，所有的乡间道路都是水泥路，并且沿路栽种了树木。

但是在世纪之交，彼得·海斯勒写他的《寻路中国》的时候，情况远非如此。他在距离北京有几个小时车程的地方有一处度假房，据他说，那个地方与现代的景况就像隔了几个时代。下面就是他对这个叫作"三岔"的村庄的描述：

　　三岔从来就是一个小村子。近几年，这个村子的规模变得更小了。20 世纪 70 年代，村子有三百来口人，目前还剩不到一百五十人留守。尽管位于山坡上的上村——也就是那条弯弯曲曲的土路的尽头——也有几栋房子，而且我们就是在这里租到了房子，但多数人居住在下村。政府把上半部分称作"水泉沟"，当地人则把整个地方都叫作三岔——他们并没有对这两部分加以区分。几十年来，这个地方一直处于衰败状态。"文化大革命"期间，当地的佛教寺庙被毁掉了，一起遭到损毁的，还有散落在群山之间的小佛龛，却一直没有人愿意把它们重建起来。20世纪90年代初期，这儿的一所学校关闭了。村民们都没有买车，也不用手机。没有餐馆，没有商店——想找个花钱的地方都没有。每隔一两天，会有个小贩开着敞篷货车从沟里上到这里来，车上装着大米、面条、肉，以及其他简单的日常用品。到了秋天，另外有卡车开上来收购村民们手里收获的东西。在上村，所有车辆都停靠在那条死胡同土路的尽头，那里进行了拓宽，用于停车。那块土坝子代表了当地的全部经济活动——完全是一种停车场经济。（见《寻路中国》，李雪顺译本）

尽管这本书是在2007年出版的，但至于书中描绘的三岔的景象，我不能确定是在哪一年。在书中描述他游览长城的经历时，彼得·海斯勒说住在乡下的人们都蜂拥般涌向城市。虽然在印度也会有类似的人口迁移，很多乡下人为了更多更好的机会而选择到城市去，但海斯勒在中国目睹的人口流动和印度的情况似乎不是一回事。

他在书中还说道：

> 北京离这儿不算太远，车程只有一两个小时。可在那个时候，城里人很少到乡下来游玩。汽车数量已经开始迅速增加——2001 年，北京市新发放了三十多万本驾照，比前一年增加了百分之五十。但人们很少长距离地开车游乐……有时候，我走到土路尽头的停车场，看见两三个村民正在围观我从城里租来的小轿车。他们的眼神里满是慈祥：表情平静，双手背在身后，低着头似在祈祷着什么——仿佛对着捷达轿车肃然起敬。

这些描述形象地显示了，这里的居民们距离中国首都如此近，景况却是十二三年前的样子。这些对我来说简直难以置信，因为在中国，我到过的所有的地方都有高速公路、大型规划中的普通公路和城镇，全面的建设以惊人的速度在推进。我去的每一个城市，道路都很宽，设计得也很好，我敢说，我在其他地方从来没有见过这样的事。

长兴岛就像柠檬园

在我曾经居住的秀山这个小山村里，街道全都是水泥浇筑的，当时我并不知道这是不是例外。现在我开始在长兴看到新中国的缩影。尽管长兴也有贫民区和狭窄的街道，但是长兴周围正在进行大规模的建设，我从我的朋友那里得知，长兴是在最近两年内迅速发展起来的。

在搬到上海之前，我在长兴岛上居住了两个月。我住在长兴岛的时候，长兴岛是以 7.4 公里长的四车道水下隧道与上海相连接的。我工作的江南船厂是一个历史悠久的船厂。它建立于 1865 年，一直是一家国有船厂。2009 年之前，它坐落在上海的中南部，但是，请注意，为了给 2010 年要举办的上海世博会腾出空间，江南船厂迁移到了长江对岸的长兴岛上。

我在我的一篇博客中写到：亲爱的朋友们，将一架鼓带到河对岸可能是件简单的事情，然而将一家船厂移到河对岸就是另一回事了。一家规模相当的船厂可能会占地几平方公里。将船厂搬迁过河的整套操作就像转移一座城镇一样复杂。当我参观世博会展馆中的"中国船舶工业集团公司"展馆时，我看了一部关于长兴船厂搬迁的电视片，看起来确实很棒，然而并不是想象出来的，因为它已经成为现实。付出这么大的努力只是为了给世博会腾出空间！它显示了中国政府高度重视向世界展示中国的成就。相比之下，印度首都新德里由于举办 2010 年英联邦运动会，至今还没有从惨败的尴尬中走出来，当时的管理者，组织者，包括涉嫌贪污的主席苏莱什·卡尔马迪仍然官司缠身。

我们搬到上海，是因为我们现在可以开车从上海到长兴岛。现在，我觉得有必要介绍一下连接长兴岛、崇明岛和上海的这项工程的规模。

为建造上海两条巨型交通隧道，海瑞克公司提供了两台直径为 15.43 米的世界上直径最大的盾构机。这两个分别重 2300 吨和长 125 米的"巨人"在水下 65 米深处穿越长江。"上海穿越长江隧道"工程的这两条隧道将长兴岛上的居民与上海浦东区直接联系起来。两条隧道于今年 5 月和 9 月贯通。隧道的超大型直径及其对经济性与安全性的高要求，使该项目成为了机械隧道掘进史上的一座里程碑。该项工程也创立了业内新的基准：20 个月内完成主体工程中近 7.5 公里长的隧道建设，比计划提前了 12 个月。掘进工作的提旦完工将为隧道按时在 2010 年上海举办世博会时投入使用创造了条件。(2008 年的新闻)

让我们看一下印度的工程建设进度。班德拉—沃利跨海大桥是孟买的一个海上桥梁工程，这是一座仅有 5.4 千米长的八车道大桥。大桥的地基是在 1999 年完成的，八条车道中的四条车道于 2009 年向公众开放，也就是说距离动工已经过了 10 年。

现在我们再来看一看中国建设海上大桥的速度。26.4 英里（合约 42.5 千米）长的青岛海湾大桥（又名胶州湾跨海大桥）是世界上最长的海上大桥，长度足以跨越英吉利海峡。它于 2011 年 1 月正式向公众开放。这座六车道的大桥是中国自行设计建造的，由 52000 根柱子支撑，可以抵御八级地震、台风以及 30 万吨级船只的冲击。然而它的建设仅用了 4 年。

　　不过，它所拥有的世界最长海上大桥的荣耀行将不保，因为连接香港、大陆（珠海）、澳门的一座跨海大桥（港珠澳大桥）正在建设之中。港珠澳大桥建成后将长达31英里（合约50千米），它于2009年12月动工，预计在2016年完工。就像中国其他高速度完工的工程一样，我确信这个工程也一定会提前完工。

　　长兴岛就像一个巨大、甜蜜的柠檬园，我到达那里的时候正当季。矮矮的果树上缀满了成熟、低垂的果子，似乎想亲吻大地母亲，感谢母亲给予自己丰富的爱的礼物。水果非常便宜，30元人民币你就可以买到满满一袋子。大桥开放的那一天，我发现了两个巨大的改变。第一，水果几乎从街道上消失了，因为大桥开通后水果很容易运到上海，卖个更好的价钱；第二，在过去必须存在的渡轮服务，自从大桥开通后也几乎停止了，前些日子还熙熙攘攘的渡轮码头，现在是一片荒凉冷清的景象。

　　上海并不只是与长兴岛之间才有路桥相连。黄浦江上最早的大桥是松浦大桥，1976年就建成了，之后的1991年到2003年间，黄浦江上又先后完成了5座大桥的建设。实际上，现在全上海有10余条水下隧道，黄浦江上也有10余座跨江大桥，完备的基础设施建设保证了交通的连续和顺畅。

公司在陆家嘴聚餐

上海是一个梦，迷人、激动人心，同时令人眼花缭乱。上海到处都是摩天大楼、美丽的风景、宽阔的道路、公园和立交桥，处处华丽壮观。在很多城市，刺耳的喇叭声和川流不息的人群想必早已惊扰到了上帝，然而上海不是这样的城市，这座城市自有它的整洁、安静、有序，这正是我所苦苦寻找的一种自在和安逸。如果不以彼得·海斯勒书中对喧闹城市的描写作为参考，我很难相信人们的生活方式在最近会发生如此大的变化。彼得·海斯勒在《江城》中这样写道：

> 噪音则更加严重。它们主要来自汽车喇叭，但我说不明白，为什么喇叭竟然会接连不断地响个不停。先不妨这么说吧，涪陵的驾驶员们喇叭摁得挺勤快的。这儿的车不多，但也足够多了。不管往哪个方向开，车辆总会像发疯一样地你追我赶，而且多半是出租车。（见《江城》李雪顺译本）

中国人聚在一起谈论某件事情的时候，说话声音特别大，就像在吵架一样。然而，上海的交通却非常安静。我在上海看得越多，我的疑惑也越多。

我们雇了一家中介帮我们在浦东新区找房子。最后我同意租下来的，是碧云路一处社区公寓的六层。整个社区大概有十五座多层的单元楼，全上海或许会有几千个这样的社区。我兴奋极了，就像一个乡下人进了大城市一样。

尽管我们的团队都已经搬到了上海，但我们仍要负责江南船厂里一艘在建的船，因此我们必须去长兴岛。只不过现在我们不需要坐渡轮，而是乘坐船厂提供的车辆去。那时候白昼已经变短了，天黑我们就要起身去船厂，回家则已经日落，真正是披星戴月。对我来说，这一路上上海都笼罩在黑暗之中，来回都需要一个多小时，路上我会读几页书。

建好的船试航之后，就停泊在靠近上海城区一侧的江边，因此我们上班花在路上的时间就缩短了，但是由于冬天的到来，白昼的时间也变得更短。我已经在上海待了将近三个月了，那时候中国新年也快要到了，但是在我的公寓周围，除了圣诞灯饰和冬青树枝，我没有看到其他不一样的地方。

我们公司的老板大概一个月左右过来一次，晚上我们会在一起聚餐。我们的秘书在浦东新区的江边选择了一家餐馆。自从搬到上海以来，这是我第一次在白天看到上海的商业中心。之前有一次，我和陶先生来上海的时候，他带我来过这里，那时候我们都是在陆家嘴下地铁，然后在周围步行，或者打出租车，这次我们是开车从江南船厂出发，穿过世纪大道来到浦东。

我去过孟买的纳里曼商业中心和纽约的曼哈顿，甚至还去过香港的中环和新加坡的中央大道。虽然对纽约的记忆已经有些遥远，但是新加坡和香港并没有随着时间的推移而有所淡忘，因此我认为，正是眼前令人眼花缭乱的上海模糊了我对纽约的记忆。

我们在江边的一家西式餐馆吃了晚饭。随着夜幕降临，浦西那边开始亮起了灯光，而且慢慢变得耀眼，就像一片着火的丛林。装饰着动画彩灯的渡船沿着黄浦江上下游弋，在闪闪发光的水面上映出缕缕虹光。人们争先恐后地沿着岸边欣赏美景，似乎要把在这里的美好记忆带到生命的尽头。慢跑的人，晚上散步的人，与第一次来这里的人，观光的游客，年轻的情侣，带着孩子的年轻父母，这些人都从我们餐厅的大玻璃窗外面经过。

我们也在高谈阔论，喝着价格昂贵的啤酒，为牛排做得很差和账单的高价理论，但是为了这里得天独厚的风景，我们还是决定买单。聚餐一结束我们就出来了，匆匆忙忙地赶回家。我决定改天再来欣赏这里美丽的风景，因为这次我没有尽兴。

那些日子我写过一些博客，下面我把其中一些内容放到这里，或许它们会帮我记起一些事情来，但是我却无法再现当时的那些片刻。没有感情的写作就像味同嚼蜡的食物。

博客选段 1：

这里有一排排的居民楼和老式的单层或者双层的房子。在印度，至少在一些小的城市和镇子，印度人都拥有或渴望拥有自己的别墅或者独立的房屋，但在这里我没有看见。或许这里的土地太贵了，别墅或者独立的房屋是一种消费不起的奢侈品，但是我相信在富人区的某个地方，一定有大型的豪宅和别墅。中国的普通人有很多属于中产阶级，但在上海这样的大城市，丈夫和妻子需要一起工作才能平衡开销。

博客选段2：

这个地方的中国人一般身材轻小，他们出色的体育成绩证明的是他们的专注和刻苦，而不是身体力量和体型上有什么优势。在上海没有流浪狗，也没有流浪的闲汉、乞丐和无业者。

不久之后，有个中国读者评论了我上面的描述：

你好，我是……我来自深圳，老家在浙江，看到一个喜欢中国的印度人写出这样的博客，我非常高兴。事实上，中国并没有这么好。大部分中国人都背负着来自高房价、学费、官员腐败和社会不公的压力，但我们必须在这个国家生活。

由于工作需要，我在欧洲生活了两年。欧洲是一个富裕而且安静的地方，然而欧洲人歧视中国人。因此，我知道移民到其他国家并不是一个好主意。我必须待在中国，努力让她变得越来越好。我想中国的大多数知识分子都有这个想法，并相信有一天会梦想成真。谢谢你向印度人民介绍我的祖国，也祝你在中国玩得开心。

还有一个印度读者这样写道：

> 去年我也在中国待了一个月。从北京去上海的路上我参观了许多城市，还沿着长江行进了 300 千米。没错，中国的许多城市现在可以和美国的城市相提并论，然而这背后的故事是非常可怕的。如果你在上海没有见过穷人，这并不代表不存在穷人。他们住在被限定的区域。这些人要去城市里面工作，但却需要回到那里住。

好吧，我写的是我在中国看到的东西，请允许我继续描述我在中国所观察到的一切，即使这些可能没有真实反映中国的社会现实。

听巴基斯坦长官赞美中国

自 1979 年以来，中国就严格实行计划生育政策。人们已经接受并习惯了这种政策，也不想再要第二个孩子，然而由此带来的社会弊端却逐渐开始显现。印度总理纳伦德拉·莫迪最近在美国访问，在麦迪逊广场花园，他发表讲话说，在今天的印度，青年人口是最多的。有 65% 的印度人都在 35 岁以下，正是可以贡献社会的大好年纪。这不仅仅是纯粹的数字，从就业的角度来看，劳动力对一个国家的繁荣昌盛贡献最大。去年的时候，我去澳大利亚看我的儿子，除了很少的几个地方之外，即便是人口最为稠密的城市悉尼看上去也很荒凉。因为缺乏劳动力，什么东西都很贵。雇佣劳动力的价格非常高。

　　虽然印度的劳动力成本也已经很高，但即使在消费水平较高的中等城市，只要花不到 100 美元，就可以雇佣一个女佣负责你一个月的家务。技能不高的建筑工人一天只需支付给他们 8 到 10 美元，而技术精湛的泥瓦匠或者木匠也只需12—15 美元。

　　在中国，尽管政府已经放宽了计划生育政策，但在我接触到的中国人中，因为经济负担的原因，大部分人都不想要第二个孩子。计划生育政策的限制极大地影响了中国的男女比例，因为大多数的中国人更喜欢男孩，虽然性别歧视这一习俗已经被禁止，但是它仍然普遍存在于人们的生活中。

　　在上海的时候，我住的地方只有中国人中的高收入群体才住得起，他们有自己热衷的生活方式，比如通常会养一条狗。我看到大部分人早晚两次遛狗，并且出于强制的规定而不是自觉的素养，他们会用随身携带的塑料袋装狗的粪便。

　　我在上海遇见过很多巴基斯坦人，他们会避免与我产生眼神的交流，或是生怕被问到为什么来中国，或者是出于根深蒂固的仇恨，这都让我非常头疼。他们中的一些就是我的邻居。他们在中国负责工程接洽，工程的内容是为巴基斯坦海军建造一些护卫舰，很明显，这些海军工作人员必须警惕和一个印度人打交道，尤其是他们正在执行一项敏感的任务。

我妻子来到之后，他们中的一些人和我们之间互相不信任的障碍逐渐被打破，因为我妻子穿着沙利克米兹，这既是印度北方妇女的传统服装，也是巴基斯坦妇女的传统服装。因此我妻子的穿着让他们产生了误判，他们以为我们也是巴基斯坦人。我发现他们非常有礼貌，心地善良，讲话和做事的方式和我们如此相似，外人会误以为我们是同胞。

1947年那场不幸的国家分裂后，我的父母从巴基斯坦移民到了印度。紧随分裂和新国家的诞生，几千人在愚蠢的暴力冲突中丢掉了性命。边境线将我们隔开，留下的伤疤也变得越来越深，然而语言和文化遗产是无法分割开来的。我们彼此之间如此熟悉，除非有人讲出事实，你分不出谁是印度人，谁是巴基斯坦人。

回家的时候，我们经常会遇见三两个他们的高级长官，有时候我们也会和他们交谈。记得有一次，我和一个叫艾哈迈德的长官谈话，他说："如果这个世界上真有天堂，而且上帝洞察一切，那么中国人没有理由不该去天堂吧？他们只管自己分内的事情，从不挑起战争，然而他们自得其乐。"他还郑重地对我说："先生，甚至他们的狗都不叫。"这让我突然想起，在最近两年内，我从来没有听见过一声狗叫。

此外，我也从来没有看见中国人在路上求爱或亲密。可能因为卖淫在中国是非法的，但卖淫在印度也是非法的，只是印度的法律不怎么好使罢了。一般来说，制定法规的初衷都是为了让每个人受益，但这些法规最终有多少效力，在很大程度上取决于人民的成熟程度和政府职能机构执行法规的诚意和决心。如果每条法律都被当作捞钱的手段，那么法律还是越少越好，因为大多数人都是讲道德、讲良心的，而且分得清善恶，而对于那些道德低下的人来说，法律既不是严肃的事情，对他们也不具有威慑力。

动物也能觉察到人的感情吗？在印度，人们经常能够看到牛趴在路上，甚至就趴在十字路口，无视周围的车辆来往。难道它们知道尽管周围很混乱，但是它们不会受到任何伤害吗？中国完全没有一点混乱，我从来没有见过停电、停水、燃气不足，也没有见过抗议、静坐、游行，以此在某一事件中显示他们的团结和立场。为什么这个国家和印度如此不同？

打车去世纪大道

中国的新年期间，我也回印度休了一次假，因此我不知道新年对中国人来说意味着什么。直到第二年，我才看到了新年是如何庆祝的，人们又是如何的热情与欢乐。3 月之前，我要么是在乘车去船厂的路上看看上海，要么就是周末在公寓周围转转，一天比一天熟悉，也一天比一天大胆，但除此之外，我没有去过上海的任何地方。

从我公寓的窗子向外望去，路对面花园里的花儿已经开始绽放了。确切地说它不是花园，而是一条绵延不断的绿化带，后来我才听说它就像天空中的银河，而且里面和外面都点缀着闪耀的星星。我很早就觉得上海是一座大花园。

冬天渐渐退去，在一个星期日的早上，我来这座阳光斑驳的花园找寻一些温暖，也想细细欣赏一下那里的花蕾，它们也在等待温暖，就像有心爱的人可以依偎着一样。既然我已经走出了公寓，我决定再到处走一走，探寻一下周围美丽的环境。这里有干净的步行道，而且比印度城市里的公路都要宽阔。

我开始沿着长长的步行道往前走，以满足我的好奇心。我决定更多地了解这座城市，但我了解得越多，我越是感到好奇。令我一直非常感兴趣的是，街上几乎没有人。完全不像在印度，街道上到处都是形形色色的人。

我突然生出感慨：我曾经一次次让内心的感情倾泻而出，我的惊奇，我的兴奋，我的狂喜……一直以来，我像一个孩子在讲述他最喜欢的故事，每讲一次，都有新的想法加到故事里。我的博客写了一篇又一篇，已经写了将近五年了，我还在写这个国家，但是现在我对它的了解又有多少呢！

最初，我是带着偏见来到这个国家的。偏见几乎是人的一种本性。我们所有人都有一种根深蒂固的观念，在这种观念中，只有我们身边的亲戚、朋友、家人、熟识的人，他们之中认同我观点的、支持我的人才称得上"我们"，而剩下的，无论怎样杰出的和伟大，即使他们处事正确而且合理，也不可以称作"我们"，而只能是"别人"。

《中国哲学简史》中有关于儒家思想的描述，其中对于修身的见解非常深刻：

> 物格而后知至，知至而后意诚，意诚而后心正，心正而后身修，身修而后家齐，家齐而后国治，国治而后天下平。这些话又叫作《大学》的"三纲领"，"八条目"。照后来的儒家说，三纲领实际上只是一纲领，就是"明明德"。"亲民"是"明明德"的方法。"止于至善"是"明明德"的最后完成。同样，八条目实际上只是一条目，就是"修身"。格物，致知，诚意，正心这些步骤，都是修身的道路和手段。至于齐家，治国，治天下这些步骤，则是修身达到最后完成的道路和手段。所谓达到最后完成，就是"止于至善"。人只有在社会中尽伦尽职，才能够尽其性，至于完成。如果不同时成人，也就不可能成己。（见《中国哲学简史》十六章"世界政治和世界哲学"）

我想单靠步行是无法把整个城市逛遍的，而且也不可能每次都会有人陪同，因此我决定开始独立出行。我问了我们的秘书，哪些地方可以去参观。在我们看来，她就是我们和周边世界沟通的唯一媒介。她建议我从世纪大道开始，因为这里离我的公寓比较近。第二个周末，我叫了一辆出租车，正式启程。

打出租车对我来说并不容易，因为我不知道世纪大道用中文怎么讲，而且到现在我也不会讲。

我不知道中国的地名是不是常用领导人的名字，有没有"毛广场"或者"邓公园"。但是在印度，独立以后的大部分时间都是国大党在掌权，所以如果你观察印度的道路、广场、公园和机场，它们的命名大都与尼赫鲁·甘地家族有关，要么就是××尼赫鲁大道，要么就是××甘地国际机场。所以，不管你在印度的哪个城市打车，你只要说去甘地广场或者尼赫鲁市场，他不用问路就肯定能带你去某个地方，因为这个城市里一定会有这个地方。

然而在上海，当我对出租司机说出"Century Avenue"的时候，他冷冷地看了我一眼，那可怕的眼神像是要毁掉我一整天的好时光，因为我担心自己哪里也去不了。我拿出了地图，给他指了指我要去的地方。他点了点头，告诉我那个地方叫"Shiji Dadao"，我也很起劲地摇了摇头（印度人用摇头表示同意），然后他开车带我去了那里。整个过程很简单，此外，他的出租车是打表计费，这让我觉得很奇怪，因为对一个印度人来说，出租车上的计价器不过是个装饰品。

印度需要上海这样的城市

每当谈到世界上经济发展最快的国家，我们都会非常骄傲，因为我们习惯将中国和印度相提并论。这倒也是不容置疑的事实。这就像我们说影星阿米特巴·巴强是印度人一样。他身材高大（身高一米九左右），而且是个人物，全世界都知道他。这种归属感让我们感觉良好，然而一盏灯是无论如何也不能与太阳相比的，虽然灯也会发光，但它和太阳的相似性仅此而已。对地球上存在的一切生物以及太阳系中的其他生物来说，太阳意味着生命，而一盏灯呢，它光芒有限，有明也有灭，随时都可能不再发光。

　　我这么说让我自己也很不痛快，同时也会伤害爱国同胞的感情，然而现实就是这样残酷。我们有很多地方需要向我们的邻居学习。嫉妒是不会带给我们任何收获的。也许，民主有它的优势，自由是不可剥夺的，但如果自由意味着暴徒横行，随意焚烧公共财产，或者损公肥私，还要给自己塑造雕像，同时放任纳萨尔派炸毁火车，那么很抱歉，我要说这不是我们要追求的自由。这只能说明我们真的不配拥有自由。确实，我们印度人的热情、我们国家的物价以及其他很多方面都是中国比不了的，但印度的脏乱、不守秩序和法律、体制腐败等不堪之处也是中国比不了的。

　　中国的政治意志非常强大，国旗的颜色是深红色的。国旗上有五颗星，或许这是政府给自己设定的目标。对我来说，这些目标似乎意味着雄心、抱负、意志、勇气和卓越。对印度来说，自由的确重要，但自由并非是糟蹋国家的许可证。去过新加坡的人都知道干扰法律意味着什么，新加坡的法律足以让99%的人端正言行，其余的将付出惨重的代价。在中国和新加坡违反法令，也许不至于面临死刑的惩罚，却可能因此无法呼吸自由的空气，所以他们选择服从。

我看到的是，上海没有种族歧视和仇恨，没有不满和暴动，也没有公众意见或强烈的抗议。上海的准入制度是如此之强大，以至于没有多少鸟儿在天上飞。

有人说上海是中国的样板城市，是这样吗？如果真是这样，那么我要说，好一个样板城市！我非常不赞成这种说法。如果印度也有一个这样的城市展示给世界，那就足以证明印度的能力。

我去过中国的许多其他城市，也去过一些乡村。我的印象是中国确实是发生了巨大的变化。如果按我以前听说的那样，中国是一个拥挤、脏乱的地方，极其贫困，没有人权，那么我会说中国已经今非昔比。从彼得·海斯勒的《江城》来看，中国走了很长的路，确实是很长很长的路。现在的中国走在了世界前面，相形之下，世界像是一个破旧的、不起眼的居民区。《江城》中对涪陵的一段描述是这样的：

> 涪陵没有自行车。在其他方面，则跟中国的小城镇十分相似——吵闹、繁忙、肮脏、拥挤；车辆蜿蜒而行，行人摩肩接踵；店铺内人头攒动、货物琳琅满目，大街上的宣传标语比比皆是；没有交通信号灯，司机们不断地鸣着喇叭；电视机的声音震天响，人们的砍价声此起彼伏；要道两旁的树木满目疮痍，积满煤尘的树叶一片灰白，同样

的灰白覆盖着整座城市。(见《江城》李雪顺译本)

如果这是对 2000 年时的中国城市的描述，那么今天发生的变化无疑是翻天覆地的。实际上，中国在近 15 年到 20 年间取得的成就是很难想象的，更不要说去赶超。

我们的新总理莫迪先生有个伟大的计划，他要把国家推上快速发展的轨道。他说，要赶上中国，我们必须考虑到规模、技巧与速度。他还说，我们的思想非常狭隘。确实是这样的。我们与中国人的区别在于，我们不考虑国家，至少是不把国家作为一个整体来考虑。事实上，我们想的是如何让自己受益，再好一点是如何让自己的亲戚受益。那些卷入 2G 骗局、英联邦运动会丑闻、煤矿骗局、直升机交易案中的人，他们在签署协议时从来没有想到过国家。贪婪是无止境的。在赢得选举之后的数月内，几乎所有政治家的财富都会增加好几倍，并继续突飞猛进地增加，这就是最好的证明。

我们的传统观念认为，中国是一个人权和个人自由被严重限制的地方，与此相反，我发现总体上来说，人们是愉悦的、满足的。他们以自己的国家为荣，并孜孜不倦地为自己的国家贡献着他们的一点力量。

我在博客中写道——我发现他们整洁、友善、文明有礼、乐于助人。即使是那些骑自行车上班的人，也打扮得很干净。公共交通系统效率很高。公共汽车、火车很干净，车站也是一尘不染。

　　我认为提供和维护良好的公共设施是市政部门的责任。中国的公共厕所很好找，也非常干净，水龙头不滴水也没有损坏，而且用厕所不用花钱，既不像欧洲的厕所那样贪婪收费，也不像印度的厕所，水龙头总是在滴水，要么干脆没有水。所有的厕所都有自动吹风机，洗手之后可以迅速吹干，有装有肥皂的皂盒，有装有卷纸或纸巾的纸盒。服务人员就在附近，常看到他们擦拭卫生间或拖地。灯和电风扇都在正常使用着。

　　彼得·海斯勒谈到过涪陵在 1990 年到 1995 年间的大停电，那时三峡大坝正在建设当中。我认为在如今的中国，没有任何严重的电力短缺情况。随着下游三峡大坝的建成，水位的上升让存在了几千年的涪陵老城淹没于江中。在这个国家奔向现代化的进程中，我不知道有多少曾经存在于视线中的史迹已归于沉寂。而中国人对历史是敏感的，和印度人不同，他们不会去试着原谅或者忘记给他们带来伤害的人。

　　那些因为三峡工程而迁移的涪陵人，我想应该会得到一些补偿，因为有人曾经告诉我说，如果政府为了建设某项大工程而让人们迁移到别的地方，政府会给他们一些补偿。既然土地已经不再属于原本居住在这里的人们，除了在清明节回来给先人扫墓以外，他们和这里的土地已经没有什么感情联系了。这样的土地就可以使国家顺利建成大项目，为工业发展提供充足的能量和必要的基础设施，让国家成为工业的佼佼者。

　　在印度，电力对农业部门是有补贴的，但小户的农民用不起管井。所有的大农场主都是政治家或有钱的大人物，而且他们中的很多人都在议会中为普通百姓制定法律。或许，如果没有补贴，农业部门是无法维持下去的，问题是所有的政府补贴都给了不该给的人，而更可悲的是，补贴或免费的福利正在让这个国家背上沉重的负担。

在上海，现在已是4月，我还没见过一只苍蝇或蚊子。自从来了中国，我也没见过蟑螂。路边的树篱、栅栏都是修剪过的，很干净，而且涂上了化学药品，不仅对它们有保护作用，而且使其能够保持光彩如新。路口几乎看不到交警，在足球场一样大的十字路口，即使在半夜，即使只有一辆车，也会看到它在等交通信号灯。也许是因为监控到处都是，也许是人们的观念已经改变。并不是人们不去违反交通规则，人们其实也会违反，而且似乎是被允许的。没有摁喇叭的声音，没有争吵声，没有咒骂和冲突。这与彼得·海斯勒所描述的中国完全不同：

> 实际上，涪陵的每一辆出租车都改装了汽车喇叭的线路，就在变速挡杆的把手部位安装一个触发开关，便于摁喇叭。这么做是为了方便。因为这儿多山，驾驶员们需要不停地变换挡位。只要他们的手抓住变速挡杆，就可以触摸到那个触发开关，轻轻一摁，喇叭就响了。遇到其他车辆，他们要摁喇叭。遇到行人，他们要摁喇叭。无论什么时候，只要他们即将超车，或者将被其他车辆超过，他们都要摁喇叭。当前方没有行人穿越，只是驾驶员觉得也许

有人要过马路时，他们要摁喇叭。当前方道路空空，也没人要过马路，只是要超车或者可能被超车的念头闪过驾驶员的脑海时，他们也要摁喇叭。就这样，纯粹是一种未经大脑考虑的条件反射：驾驶员摁响了喇叭。他们如此频繁地做着这个动作，甚至于丝毫都没有察觉到手指下面还有个触发开关。其他的驾驶员和行人对此则习以为常，早已到了充耳不闻的境界。没有人再理会这些喇叭声，它们丝毫不起任何作用。在涪陵，一阵汽车喇叭声就如同森林里倒下了一棵树——几乎是悄无声息。（见《江城》）

我想不通，20 年间中国如何发生了如此大的变化。我希望有这么一天，印度人也开始遵守交通规则，至少不再鸣喇叭。但现在的印度人却展示着一副傲慢自大的态度，如果他们是个人物，就处处炫耀自己的地位。富裕的印度人看不起那些在经济上不如他们的人。开宝马的诅咒开便宜车的。骑摩托车的鄙视骑自行车的。依此类推，行人是经济地位最低的人，也是道路上最被无视的人，他们敢于穿过马路真是了不起，就算是走斑马线，也简直就是在做生死抉择。

在中国的 15 个月以来，我没有见过一次交通事故。几个月以前，一名出租车司机因酒驾致四人死亡，结果被判死刑。在重大犯罪方面，中国的司法体系效率非常高，审理与判决可以非常迅速。贪官也会被审判并受到严厉惩罚。并不是没有不满和失望，事实上有很多，但这些不满都发泄到了无辜的孩子们身上，这些人对学校的孩子们实施过多次攻击。其中的一些犯罪分子在审判后已经被处死，现在政府已经宣布，遇到这种事件允许警察开枪。

印度人尝尽了民主的甜，也饱受着民主的苦，我们很难真正理解中国的情况。因为在我们国家，即使那些杀死成百上千的无辜者的暴徒，或是对其他国家发起战争的战犯，也会得到辩护。

第七章

上海无闲人

▷▷▶

移民局的效率

在上海生活的时候，我发现大家都各忙各的，没有人聚在路边围观或闲聊。整个城市像被打了鸡血，找不到一个消磨时间的闲人。我们印度人可不是这样，我们认为无所事事是一门让人陶醉的艺术。

转到上海几天之后，我去移民局①办理签证延期手续。上海的移民局设在一幢巨型的现代化高层大楼里，不像印度政府部门的办公室，还蜷缩在英国殖民时期留下的建筑里，让人感觉这些部门还在做着 200 年以前的事情。

在印度的政府部门，昏暗的灯光像一种隐喻，代表着你希望早点结束工作的急切心情，沉滞发霉的空气则让人昏昏欲睡，门口的"欢迎"标志更像是对来访者的嘲笑。你会看到

① 指公安部门下属的出入境管理局。——译者注

一摞一摞的文件堆积在走廊里、柜橱上、庭院里，总之，凡是能被管理文件的专员找到的空间都不会浪费。

当下印度行政事务需要的大部分记录或档案都保存在这些文件中，然而要从这些乱成一团的文件中找出某个档案，简直就像在一个遥远的星系中找到某颗行星的某颗卫星一样困难。

实际上，这里的规定几乎还是印度独立之前的老样子，这些规定早就脱离了现实，它们只是作为束缚公务人员的一张网而存在。为了取得政府的许可，申请人需要提供表格中规定的所有信息，有时候填写这些表格能洋洋洒洒敷衍出数十页，没有代理人的协助会是一场噩梦。政府把事情搞得这样复杂，有时候看起来像是故意骚扰和刁难群众。

公务接待柜台前的"我可以帮助你吗""询问"等标志都是误导你的，如果那些负责接待的公务员没有擅自离岗的话，"帮助你"永远是他们最后考虑的事情。我描述的这种情况发生在像海关、移民、公安等部门的问询处，它们提供的服务并非法律强制要求的。这类部门的公务人员头脑中没有"帮助"的概念，因为他们清楚，与他们打交道的基本上都是一些罪犯或潜在的罪犯。讽刺的是，这些部门都在印度最腐败的部门之列。我不打算深谈腐败，这种问题很容易引起争议。

还是继续讲讲我在上海的移民局重新申请签证的事情。移民局位于上海郊区最繁华的地方，所属的写字楼是时髦、现代的庞然大物。接待桌后面的墙上是一幅巨大的镶嵌画，聪明、穿着讲究的女士就像五星级酒店里的侍者一样，会对每一个从自动旋转门走进来的人问候、致意。我记得大厅里有一个"跳舞"的喷泉。

这件事情已经过去四年了。我当时想拍一些移民局的照片，想写封信寄回家，谈谈印度要成为一个不一样的国家，需要什么样的改变，然而拍照是不被允许的。我们肯定要改变的一点是，所有政府部门的工作人员都应该知道，对待找他们办事的群众应该客气、礼貌，他们应该意识到，完成工作是他们的职责所在，而不是对接待对象加惠施恩。

我的左右两侧是几部有上有下的自动扶梯，我应该去三楼。在三楼的办事处，至少有 20 个（也可能更多）办事柜台，穿制服的工作人员坐在后面，柜台上方的电子显示屏上信息不停滚动，通过广播可以听到排号提示和其他指导。

我坐在柜台前的高脚凳上，对面的男警官开始为我办理手续。他从椅子上站起来，取走了我的一些文件的复印件，还用他的相机给我拍了照。我非常惊讶，要是在印度，我得自带复印件和照片，然后隔几天再去一趟，而在这里，警官在我身上总共只花了 10 分钟，之前排队用了大概 20 分钟。半个小时之内就出了移民局，这在印度是不可能的，就是印度总理在印度移民局也不会得到这种程度的优待。

效率非常重要，而这正是印度极其缺乏的。我们的新任总理莫迪承诺要在印度开创出友好的商业环境。在一种有利于工作的氛围中，人们不必东奔西走，不必为了项目通过在负责检查的官员面前卑躬屈膝。当今时间是一种非常宝贵的商品，时间意味着商机，意味着金钱。

印度政府非常有必要追求高效。政府必须推出政策，顺应形势的变化和时代的变迁，必须改变自身的运作模式和思维习惯。这正是莫迪的承诺，也正是他的执政思维不同于前任的地方。到目前为止，印度仍然没有摆脱殖民地心态。你去任何一个印度政府部门的办公室，都能看到殖民时代的样子，甚至一些文件都是殖民时代留下来的，这些文件堆叠的地方可能永远都不会被发现。不过当权者喜欢这样，他们不愿意看到印度的现代化，越是找不到需要的文件，意味着越是有敛财的途径。

甚至普通的办事员态度也不友好。他们对履行自己的职责不感兴趣，千方百计给你制造麻烦、榨取你的钱财才是他们所擅长和热衷的。要是你认为有必要见见他们的领导，这一定会是个可悲的错误。如果领导也是从办事员熬出来的，情况会很糟糕，因为站在你面前的肯定是个老手。他的下属耍过的把戏，他全都精通。

如果领导是因为配额制度或自身优势得到了职位，情况也不会更好，因为他会很傲慢、自视比你优越，没有耐心甚至没有时间听你讲话。要是你在办公室找到了他，他也有办法。通常他会从椅子上站起来，假装马上要离开、去处理一些紧急任务，实际上可能是去午睡，也可能是去察看部长家宠物狗的婚礼安排得怎么样了。

就算他继续坐在办公室里，他为什么要帮你，你打算给他什么好处？如果印度要有所改变，这是必须改变的一点，但既然整个贿赂系统就像运行良好的机器一样，又有谁希望改变又能推动改变呢？

新的形势需要新的方法，这是中国哲学的一个观点。对此，冯友兰在《中国哲学简史》中有如下阐述：

> 由于这些全新的情况，出现了全新的问题，韩非认为，只有用全新的方案才能解决。只有愚人才看不出这个明显的事实。韩非用一个故事作比喻，说明这种愚蠢："宋人有耕田者，田中有株。兔走，触株折颈而死。因释其耒而守株，冀复得兔。兔不可复得，而身为宋国笑。今欲以先王之政，治当世之民，皆守株之类也。""是以圣人不期修古，不法常可，论世之事，因为之备。"①

我们的生活总要依赖某种哲学。每日的诵经祈祷、各种仪式、饮食偏好、斋戒、信念，所有我们想到的事情都是我们在成长中所吸收的生活哲学的反映。我们如何判断对错，取决于我们接受怎样的教育和影响。这就是为什么，为了向真主安拉献祭，一个穆斯林可以去屠宰动物，但在印度教教徒那里，不小心踩到一只昆虫就可能意味着亵渎神明。

---

① 见于该书第十四章"韩非与法家"。——译者注

我们必须改变，这意味着我们不需要再迷信一些古老的智慧。我们的生活应当从当下的新事物中寻找改变的灵感和依据，宗教也不是世外桃源，它高于世俗而又源于世俗，一些脱离现实的观念需要及时修正。总之先要立足当下，然后顺势而为。

在过去的时代，对一个富有同情心的美国白人来讲，怜悯一个黑奴可能意味着惹祸上身，而现在，歧视黑人更有可能触怒舆论和法律。反面的例子是，把持宗教的人还在解读、推行一些宗教律令，这些律令的依据是几个世纪以前问世的经书，在我看来，这些人是在有意侮辱人类的智慧。这种行为的言外之意是，自从那些神灵和先知的布道被记录、传习以来，人类再也没有诞生更优秀的思想者。人类智力进化的整个过程只是一场闹剧，我们走错了路，要寻找幸福找到的却是痛苦，为了证明对神明、先祖的忠诚信仰，人们必须重新坐回山洞，口中念念有词，还要用复杂的姿势行屈膝礼，向着特别的方向跪拜，要击鼓，要蓄发，然后剪成特别的样式，还要接受割礼，非得这样才能取悦他们？

我们信仰的神明一定有某种奇怪的幽默感，喜欢滑稽和搞怪，才需要我们用这些把戏来取悦。我敢说，如果神明是一种智慧的存在，能够判断什么是利于众生的，什么又是荒诞不经的，只要你的信仰发自内心，他自会在王座一旁留给你一席之地。

上海的豫园和印度的石园

我开始变得多少自信一些了。我有个做经理的朋友，我们的住处在同一条路，只隔着几栋单元楼。附近有处车库，一家杂货商店开在这里，我朋友给了我店主的手机号码。我会给他打电话，不过一句话也不说，反正说了他也听不懂，他会从我的沉默中知道我需要什么。因为之前我去找过他，除了交给他我的公寓号，我还做了一通疯狂的手势，以便他能理解我的想法：要换桶装水的时候我就给他电话。我给他打电话就为这一件事情，所以我们的配合很默契。

离我的公寓稍远的地方有一家小超市，我平时买蔬菜和水果都去那里。周末我会走较远的路去家乐福，在这里几乎要什么有什么。不过我知道，单靠自己我只能在四周转转，这不是长久之计。要完全独立，来去自如，我还需要更多的自信。我有个罗马尼亚同事，一天傍晚，我们决定去黄浦江边消磨时间。他过去就来过上海，有一张袖珍的上海地铁卡。我们从碧云路的住处打车去了地铁 6 号线在云山路的一处站点。这就像第一次去阿根廷，然后开启北极之旅，然而我同事的自信令我深受触动，我茫然地跟在他后面，就像一个乡下子来城里看他的表哥。

在地铁站，他熟练地掏出印着线路图的地铁卡，准确地穿过进站闸机、换乘车辆、上下扶梯，而我看在眼里，哑口无言。我们在世纪大道换了 2 号线，一直坐到陆家嘴，又从陆家嘴步行到江边，然后就绕着码头走来走去，度过了小半个夜晚。这里的人群熙熙攘攘，不过对一个印度人来说，这样的场景不可怕、不会令人紧张，但也没有什么迷人之处。这只是一个很寻常的地方，但广场的整洁的确发人深省。当然，当时的上海正在筹备 2010 年世博会，不过人们的自律和贡献还是值得一提。世博会的吉祥物海宝随处可见，"城市，让生活更美好"的口号正在被践行。

中国人让人钦佩的地方在于，他们都为自己是中国人而自豪，为能够参与国家盛事、分享国家成就而自豪。彼得·海斯勒在《江城》中提到，中国人满怀热情庆祝香港回归。在印度，尽管人们也会热烈地响应这种检验民族精神的号召，例如，莫迪总理打造一个更好的印度的计划就收获了积极的反响，然而这种正面的参与总归不是普遍的，莫迪不得不同时面对尖锐的批评。

我买了一张上海地图，这是我决心向独立自强迈进的重要一步。随后的那个周末，我把地图铺开在公寓的地板上，开始仔细查看、同时搜寻公园和其他景点。最后我锁定了豫园。我想训练一下坐地铁出行，因为罗马尼亚同事乘地铁时的娴熟技巧对我刺激很大。作为一个印度人，被一个德国人甚至英国人超越都还能忍受，要是一个罗马尼亚人也比自己强就很难咽下这口气。

我的灵魂已经被折磨了整整一周。有一个中国人，我习惯

叫他 QC①，船厂的轮机或设备就绪之后，这个负责质控的伙
计会带我们进行检查。我花了半个小时对他解释我要去的地
方，他还是没能理解，中文里的每个字音都对应很多汉字，这
一点每每让我饱受困扰。最后我放弃了乘地铁去豫园的想法，
因为这样我很有可能哪都去不了。

我打了一辆车，把地图上豫园的位置指给司机看，幸好地
图是中英双语的。不过豫园离我的公寓相当远，计价器上的数
字变化之快简直让人窒息。最终，在穿过一条过江隧道后，我
在一处看起来像是古代中国园林的入口下了车。从我身处的位
置看，浦东新区熟悉的地标建筑就在不远处，这说明我来对了
地方。

我看到这里挤满了人，作为一个印度人，身处其中竟有种
家的感觉，或者说，就像迷失在德里的康诺特广场上。康诺特
广场现在叫拉吉夫广场，由上届政府（总理辛格来自尼赫
鲁—甘地家族）更名而来，但随着莫迪政府着手擦除尼赫
鲁—甘地家族在各地留下的印记，很难说"拉吉夫广场"这
一命名还能在官方名录中存在多久。而对广大的群众来讲，人
们希望它过去是、未来也永远是康诺特广场。

这里都是典型的中国古代建筑，狭长的老街上有数千家店
铺，可能已经存在了几个世纪，可能从先人在这里置业经营开
始，后来的祖祖辈辈都在这里做着同样的生意。成群的游客有

---

① Quality Control 的简写，意思是质量控制。——译者注

中国人也有欧洲人，每个旅游团的人都戴着相似的帽子，跟在举旗子的导游后面。

街上多数店铺的建筑都是木质的，外国人似乎对这些店铺非常热衷。一些店铺外面排着长长的队列，八成是因为它们的特色美食小有名气。一些狭窄的小街上也是人头攒动、店铺林立，好像你要找的一切都能在这里买到。有的售货亭专卖纪念品、古玩等传统的艺术品。不时有人售卖廉价仿造的劳力士手表、万宝龙钢笔，鼓动我买。在中国，即便你付了高价，也很难确定买到的东西就是真品，但可以肯定的是，你不用指望花十块钱买到一只真正的劳力士。不过这些廉价的东西可能物超所值，因为它不仅能用，有时甚至可以用好几年。

有座小型的木桥架在一处池塘上，池塘里有红、黄等彩色的鱼，这种鱼叫锦鲤。在我看来，这种鱼可能被认为是神圣的，否则中国人那么爱吃鲜味，怎么可能让它们安然无恙地活着。我正在疑惑豫园里怎么都是老街和店铺、一点也不像园林，刚好就看到了豫园的真正入口。40 块钱的门票在我看来实在太贵了，不过里面的确很漂亮，假山和流水都让人印象深刻。

豫园建于 1559 年，园主潘允端是明朝四川省①的地方大员。因为身居高位，我认为园子并不是他亲手所建，但在印度，我所居住的城市昌迪加尔有一座石园，它完全出自道路检

---

① 明朝叫四川布政司。——译者注

查员尼克·昌德（Nek Chand）一人之手。整个园子占据了40
英亩的僻静之地，他1957年着手建园时这里还是一片丛林，
甚至在1970年代早期我从事工程工作时，此地依旧荒凉。

　　尼克·昌德完成的工作量之大令人难以置信，虽然坦白地
说，他创造的数百个人和动物的形象并无惊人之处，甚至看起
来很丑陋，就像小孩子用黏土捏出的人形或是第一次尝试画画
的成果。

　　印度人不会去石园看第二次，但由于他的艺术得到了西方
的认可，荣誉和赞扬便接踵而来。他甚至拿到了国家荣誉，理
由是表彰他在某领域的杰出贡献。近些年国家授予的荣誉已经
遭到玷污，因为在选择表彰对象时，政治考虑往往先于单纯的
价值考量。在发放印度国宝勋章（最负盛名的印度国家奖）
的方式上，国家希望索尼娅·甘地①能给自己发一个。幸好她
没有这样做，但如果北方邦前首席部长玛雅瓦蒂能成功当选总
理（她一直以来的梦想），肯定会当仁不让。

　　尼克·昌德用瓷片和其他废料创造了石园里的作品，这些
东西来自被丢弃的破碎瓷砖、马桶座和一些建筑材料，可
能——几乎可以肯定，也少不了从政府仓库偷来的水泥。这就
是印度知识阶层的处境，除非一个外国人、最好是一个白种人
认可你的作品，你可能直到饿死也不会被人了解和赏识，为了
避免这种惨剧的发生，你至少得找一份全职的工作，满足自己

---

　　① 印度前总理拉吉夫·甘地的妻子，印度国大党主席。——译者注

和家庭的衣食所需。印度艺术家必须先得到西方认可，然后才能在东方获得赞赏、走得更远，一个东方人有这种认识真是可悲。

你知道我在想什么，我要表达什么吗？我的作品在印度得到认可的时间还会继续延迟。我写了很多印地语诗歌，我的同事们和朋友们都非常欣赏，然而出版商却经常报以嘲笑，他们对好作品非常无知，对什么作品会大卖倒是深有研究。有时候我认为当作家就像当模特，重要的不是你有什么，而是你如何炫耀。

豫园经历过很多次转手，在不同的战争和冲突中也多有损毁。豫园四周的建筑都沉浸在历史的气息之中。像陶醉其中的人们一样，我享受着这美丽春天的午后，看着恋人们互诉爱慕，拥抱在一起留影，背景里鲜花在枝头绽放，像是恋人爱的表达。还有孩子们，有推着婴儿车的年轻父母，也有被儿孙簇拥陪伴的老人，步履蹒跚的老人穿着他们最好的衣服，脸上洋溢着沉浸于天伦之乐中的满足和幸福。不同阶层、形形色色的人与我擦肩而过，我着魔地站在那里，就像一具浇铸中的雕塑，惊讶的表情渐渐凝固。

出来的时候，我一度在迷宫一样的街道和纷乱的人群中辨不清归路。最后我找到了一条主干道和一家麦当劳，这样我就可以把我的位置告诉 May。在麦当劳，为了点一份汉堡，我很费力地解释着，排在我后面的外国人会说地道的中文，他帮了我一把，我笑着对他大表感谢。

接着我给 May 打了电话，告诉她我大概的位置，请她叫一辆出租车来带我去江边。司机把我送到了东方明珠电视塔附近，这是我又一次在江边的人群中消磨夜晚的时间，我就像一只在海上孤独飞翔的小鸟，身下是滚滚白浪。

按照我的日程安排，下一个要去的地方是世纪公园。在听了 May 女士的一些指导后，第二周的周六我正式动身。这一天天气晴朗、阳光明亮，世纪公园里的人们充满活力，他们野餐、嬉戏、狂欢，或者只是沐浴阳光。这里的欢乐气氛感染了我。公园很大，不同的区域可以看到不同品种的植物。我在这里待了一整天。

糟糕的世博会印度馆

说说世博会吧。关于上海世博会，可说的很多。我第一次去看世博会是 2010 年 5 月 22 日。为了避开人流高峰，我特意选了下午去。出发的时候大概是下午 3 点左右，我先乘地铁到云台路站，从这里可以步行几百米到达世博馆的 4 号门或 5 号门。

观看展览的门票是 170 元，相当于 1190 卢比或者大约 25 美元，怎么说都算很贵的了。在印度，如果是这种票价，没有人会去看一场政府举办的大型展会。在一些群众集会中，相关的政党会鼓动群众，把他们用卡车拉到现场，人数倒是凑够了，但完全体会不到他们高昂的情绪，不过这一点不足为虑，集会之后新闻报道会接过渲染气氛、无中生有的重任。

中国人不管做什么，都不会太寻常。在印度，我从没见过积极向上而又万众一心的社会参与，就算是出于展示团结这种空洞的需要。要调动一个人的积极性，前提是他自己要有内心的呼声。而在中国，盛行的是真正的民族主义精神。中国为世博会动用了大量财力，展会本身以及参观者之多都令人难以置信。人们来这里并不是要看看世界展示给他们的是什么，而是首先涌向中国馆。我注意到，中国馆非常之大。

中国人从中国的成就中收获了很多自豪。他们喜欢了解这些成就，谈论这些成就，喜欢看各种视频里展示这些成就。没有强烈的爱国主义感情，这是不可能出现的。在我工作的船厂，一些特别的日子会有庆祝活动，我发现各种部门的人都会热情参与，尤其是有外国嘉宾也被邀请的时候。人们习惯像执行军令一样传达并遵守要求。

我第一次去看世博会的时候，不知道展会的规模之大和参观游客之多。我找到的是 5 号门，据我了解，这里容纳的是亚洲各国的国家馆。这时我的爱国情感萌发了，我决定从印度馆开始参观。附近也有巴基斯坦馆，我想把它排在印度之后。

在印度馆，我看到一大群人涌向出口，每个人手里都拿着一本小册子。后来我了解到，这种小册子叫世博护照，人们每参观一个展馆，都近乎疯狂地抢着去盖一个本展馆的图章（不知道原因何在，可能稍后他们可以把这种纪念品卖出去），他们的疯狂程度惊人，管理人员已经没法控制索要图章的人流。也许，之前工作人员们还在为他们的展馆人气很足而自豪，他们没有意识到，人们对图章比对展馆本身更感兴趣，于是他们开始拒绝在护照上盖章，除非游客已经打算离开展馆。人们真是疯了，爱尔兰馆的印章在开馆后几天之内就被摔坏了。

大部分排队参观的人都不像是对展馆所属国家的文化、历史、政治或地理有专业兴趣，显然更不是出于职业需要，然而他们竟显得非常热情。这是些什么样的人呢？是积极主动来的，还是跟随组织来的，还是被误导或被强迫来的，还是仅仅像我一样因为好奇来的？我感到大惑不解，因为170元的门票价格对一个普通家庭的中国人来说并不是小数目，何况他们很多都是陪着家人和朋友来参观。每张门票只限参观一天，而到处都是拥挤不堪的人群，一天之内能参观两三个展馆就很不错了。难道有人为他们买单吗？

对我来说，选择从印度馆开始参观是大错特错，之后很长时间我都对此耿耿于怀。我发现印度馆展示的是如何漠视并滥用政府资金，因为展览已经进行了接近一个月，由政府买单的展位甚至还没有完全准备好。此外，有几个展位在卖印度的手工艺品和珠宝，然而价格有些过高，要知道这是在中国，10块钱就能买到仿冒的劳力士和欧米茄，它们远比真品畅销。在展馆大厅的中央有一个液晶显示器，画面上一个很胖的女人在跳着某种南印度舞蹈。液晶屏似乎太小了，不足以彰显她的优势（胖），而且她跺脚的时候画面就会摇晃。随后，我沿着斜坡上了二楼，在二楼的环形廊道上，陈列着一些手工艺品。

　　墙上有很多展板和图片，上面的印度人有成功人士也有普通人，都拢着手、像是在道歉，一为这次糟糕的展览，二为公务人员花着公费在上海消磨6个月却不能胜任工作。我不是完全在开玩笑，实际上，道歉或者假装道歉，这正是印度的头头脑脑们一直在做的事情。

　　在印度，形形色色的普通官员动辄就要出国学习，而所谓的学习只是休闲度假的委婉表达。他们到底学到了什么？他们当中有谁能够站到台上，讲讲他们在所谓的外出学习中学到了什么，又有哪一点能够服务于他的选区？他们中的大多数人只是勉强能够认字而已。该学习的时候他们没有学习，他们现在想学习什么呢？真正受过教育的人都知道，坐在家里上上网就能学习，没有必要跑到某个地方去学习它。只不过在印度，人们会把一个有地位而不享受特权的人当作傻瓜。

　　傍晚6点，我准备离开印度馆，整个园区的闭馆时间越来越近，我还要考虑再看点什么才能体现170块钱的门票应有的价值。在一楼接近出口的一个角落里，有个饭铺的生意很好，这里的萨莫萨三角饺卖20元（140卢比）一只，鸡肉馕40元一份，芒果奶昔20元一杯。饭铺还有名字，叫"Jhankaar"（意思是砰然发出的声响），这个名字再恰当不过，因为硬币不停地落进钱箱，砸出叮叮当当的乐声。

开饭铺的是德里某家宴会厅的老板，他能来这里，可能是在投标中获胜，也可能有钱有关系，不需要走这一步。另外，开宴会厅的人需要极其擅长处理群众事务，因为在旁遮普的婚礼上，客人不愿意为一顿饭浪费时间，通常这是他们用礼金换来的唯一回报。在婚礼上，新人会端坐堂上，喜气洋洋地接受客人的祝福和包在信封里的礼金，不过这些信封稍后被打开的时候，可能有一半都是空的。

我突然意识到，我还不至于饿到要花这么多钱（140 卢比）买一份萨莫萨，就连我参加别人的婚礼，甚至他们拿黑牌威士忌、外国美食招待我们的时候，我也从没给过这样大额的红包。你懂的，红包都是在家里事先包好的，我夫人记忆力惊人，总能记得之前这种场合给谁包了多少，不过她会接受我的建议，虽然事实证明，多数时候大家都想告诉我我在处理这类问题时有多么幼稚。

走出印度馆的时候，夜色中巨大的沙特馆像很多手擎火炬的火炬手，又像来到了加尔各答的维多利亚纪念馆。我花了三个小时才进入沙特馆，属于最后进入的一批人，今天闭馆之前，留给我们的参观时间只有 30 分钟。

上海的惊艳让我由衷赞叹。我经常想到印度糟糕的电力供应。几乎没有一座印度城市可以不发生停电，没有一个邦电力充裕，这就是印度独立近 70 年之后的状况。为什么我们的政策会误入歧途，为什么我们的领袖缺乏远见，我想不明白……

处世之道

在陈兵拉达克边境等问题上，为改善中印关系，中国已经开启了与印度的对话。中国还持续发放另纸签证，为中国人前往印度提供方便。不过中印在领土问题上的争议仍悬而未决。中印的争议领土都是贫瘠的不毛之地，当地人都是游牧民族，生计只能勉力撑持，他们的生活最起码应该得到安宁。今天，最好的结果是两国共同制订计划，合力促进当地的发展，这样边境两侧的人民都能够受益。人类应该以改变自身命运为基本目标，而且这一目标应该是超越种姓，超越宗教，超越民族，甚至是超越国家的。

其实，政治家像我们一样，也是普普通通的人，同样，我们也不必责备一些不明事实的人言辞激进。我们的孩子被鼓励竞争，每个孩子如果赢了邻居家的孩子，家长都会拍拍他们的后背，希望他们下次干得更漂亮。我们一面承认每个孩子都各不相同，一面又希望他们无所不能，邻居家的孩子学习好，自己的孩子就应该更好，邻居家的孩子擅长运动，我们的孩子就不能落后。总之，我们就是不能接受被人说邻居的孩子强过自己的孩子。

有的丈夫比妻子要大度一些，但如果他跑到邻居家祝贺邻居的儿子拿了好成绩，做妻子的就会感到受了伤害，并且等丈夫回家后把丈夫痛斥一顿，让一个大男人连续几个月失魂落魄。为什么我们不能为别人的成就感到由衷高兴呢？我们为什么会有爱嫉妒的臭毛病？

当我们的孩子从椅子上跌下来，哇哇大哭，我们总是一边摆出摔椅子的架势，一边告诉他，都是椅子的错，它让你跌疼，我们也对它不客气。孩子可能破涕为笑，因为大人在告诉他，我们已经替你报仇了。是的，我们就是在教孩子学习报仇。从此他会认为以牙还牙是正确的处世之道，而我们却还在为世界的纷争不休感到大惑不解。

在冯友兰的《中国哲学简史》中，作者提到了社会进化的三个阶段，文章是这样写的：

> 这种将社会进化分为三阶段的学说，又见于《礼记》的《礼运》篇。照《礼运》篇所说，第一阶段是乱世，第二阶段是"小康"之世，第三阶段是"大同"之世。《礼运》篇描述的"大同"如下：
>
>> 大道之行也，天下为公。选贤与能，讲信修睦。故人不独亲其亲，不独子其子。使老有所终，壮有所用，幼有所长，矜寡孤独废疾者皆有所养，男有分，女有归。货恶其弃于地也，不必藏于己；力恶其不出于身也，不必为己。是故谋闭而不兴，盗窃乱贼而不作，故外户而不闭。是谓大同。
>
> 虽然《礼运》篇作者说这种大同是在过去的黄金时代。它实际上代表了汉朝人当时的梦想。汉朝人看到的单

纯是政治统一，他们一定希望看到更多方面的统一，像大同那样的统一。

人们总是梦想着类似的乌托邦世界，但却很少真诚地尝试，不过这并不奇怪。全球气候、卫生、贸易、教育等领域，其中任何一个成为议题，争论和狡辩都会继之而起，人们追求的仅仅是一己私利，而不是整个人类社会的共同福祉。

人们生活在和平之中，每个人都心存博爱，在印度人看来，这种理想的状态就是 Ram Rajya 中毗湿奴神的化身罗摩王（Lord Rama）统治阿逾陀国时的样子。①

按照史诗《罗摩衍那》中的记述，罗摩王在印度各地漫游，而当他的妻子悉多（Sita）被魔王拉瓦那掳走，为了寻回悉多，他更是越过海洋到达了今天的斯里兰卡一带，并且杀死魔王、带回了妻子。一个浣衣人批评罗摩王，认为他不该对一个可能被玷污的女人不离不弃。尽管悉多发誓自己没有被玷污，罗摩王还是抛弃了妻子，因为他要向子民证明他是一个有德行的国王。在印度，女人的请求丝毫不会动摇一个"正直者"的心。

按照印度教的说法，所有的神明都会在凡间居留一段时

① Ram Rajya 是印度电影名，意思是"罗摩的统治"，罗摩是印度神话人物，也是《罗摩衍那》中的男主人公。——译者注

间，为的是教会我们如何生活。《薄伽梵歌》是印度教最重要的典籍，最近我看到新闻，中文版的《薄伽梵歌》已经由一位中国女士翻译问世。

《薄伽梵歌》英文版的翻译者是印度梵文大师 Bhagti Vedanta，他有足够的资格向全世界传播印度教的哲学。正是因为他，印度教的大神克里希那才有了遍布全世界的追随者，甚至在中国，信教的人多数集中在基督教、伊斯兰教、佛教和道教，但还是有很多中国人崇拜克里希那。

第八章

和妻子一起探索上海

▷▷▶

上海到处是花园

　　每个城市都会把公园和广场列入建设规划，你找不到一个特例，然而在当下的商业世界中，商业冲动给城市带来了巨大的压力，迫使每个城市都在追求与周边世界的快速连通。首先是人口的高度集中，然后才有对住房、办公、便捷的交通、网络以及所有现代设施的巨大需求，继而造就一个城市，推动这个过程的首先是企业、商人和政治家。

　　一个城市还要有医疗设施、学校、高等院校，它们都需要不间断的水电供应，需要各类应急系统，以应对形形色色的意外和紧急状况。高效的排水系统、污水处理系统、交通运输系统都不可或缺。当然，你也需要有就餐和娱乐的去处。说到一个大城市的全部所需，我们必须在一个宏大的尺度上进行考虑，这不仅是因为城市本身，还因为巨大的城市规模是人们所期望的，这关系到城市所属地区乃至整个国家的声誉。

　　当代上海的规划者们很清楚他们手头上的工作非同小可，而且他们做得非常出色。从着手工作时起，他们就对环境友好的理念青睐有加，在他们眼中，上海也应当是一座有亲和力的、对人有益的、为人们喜爱的城市。他们完全了解好的工作环境对人们的重要性，他们竭尽全力，为的是让人们能够亲近自然，并且时刻都能感知到自己就是自然的一部分。正是由于这种原因，我们甚至在封闭的室内也要放一些盆栽植物。

　　仅仅是闻到新鲜花朵散发的香气，我们也会情不自禁地微笑。看到花开在眼前，心中的幸福感也会油然而生。让任何人在任何地方都能眼前一亮、心有所动，也许这正是上海的规划者所考虑的。

　　不管你是站在摩天大楼的楼顶天台，还在站在地面上，你随处都能看到绿色植物。只要是在户外，从你站的地方走几米远，就会发现一座花园，要么就是看到街道拐角有几畦新近栽植的花，或者是道路隔离带上长长的一排花灌木。这些植物并不是没人照管，或者枯萎、凌乱，看到它们你会觉得它们就像受到溺爱和娇宠的孩子，在精心的喂养和打扮之下，都有着胖乎乎的面颊，可爱极了。

　　我每天去船厂的路上都会经过一个公园，公园里沿着篱笆种了很多玫瑰，盛春的时候，玫瑰花会探出篱笆。这里离金桥路站很近。有一天傍晚，我专门去公园看了一圈，回来后还写了一篇博客。我不知道上海究竟有多少公园，但可以肯定，所有的公园都打理得很好。在上海生活是很美的事情，我愿意重温旧梦。

我的博客《上海的公园》是这样写的："上个月是玫瑰的花期。就像大自然吹响了号角，漂亮的粉红色玫瑰应声开放、花枝招展着探出篱笆；就像露营地的年轻人听到号声响起，在晨光中伸展臂膀——起先是一个，然后是另一个，接着是下一个、又一个，几分钟之内他们全都起来了、活力重新焕发，他们身上有着难解的魅力，就像阳光在雾中留下的彩虹一般迷人。是的，这里的玫瑰就像青春期的孩子，充满好奇、激动和兴奋，随时想要摆脱一切束缚。玫瑰竞相绽放，就像一天的功课结束了，孩子们在校门口涌动着，我感觉自己就像一个父亲，来接我的女儿回家，她正是最好的年纪，身上寄托着我的梦想。"

虽然上海到处都有花园、到处都能看到花，但这座公园并没有列入旅游景点，所以来这里的外国人并不多。在中国生活让我有机会细致观察中国文化、中国人的生活方式和思维方式。中国人值得我们学习的地方有很多，他们能保持清洁卫生的公共环境，每个人都会参与其中。这里没有混乱，没有静坐和抗议游行，没有人肆意焚毁公共汽车或自焚，也没有罢工，好像人们对政府和体制没有什么不满。不过，还是让我们忘记政治和权力等相关的事情，享受纯粹的自然之美吧。玫瑰花展现在我眼前，就像在印度的沙丽服①商店里，精明的店主把一件光彩夺目的 Banarasi 牌沙丽服展现在客人眼前。

我妻子来中国

　　我回印度更换我的签证，然后我的妻子也随我一起来到了中国。我忙于船厂的项目，每天晚上都是带着疲倦回家，不过家里有妻子的好处就在这里。关于妻子，大概一天以前，有人在 WhatsApp 上转发了一个笑话给我："一个人死后进了地狱，当他看到自家附近教堂里刚死掉不久的牧师也在这里受刑，感到大吃一惊，并且连忙问，'神圣的牧师先生，你是宗教人士，我相信你一生并不曾犯下任何罪行，怎么也会像我等俗人一样堕入地狱呢？'牧师叹口气说，'孩子，你说得很对，我一生坦荡正直，然而百密一疏，我妻子每天早上都会问我——我今天看起来怎么样，我实在不该每次都对她说很好呀'。"

　　女读者们看到这里可能会心生怒气。女孩子多愁善感，发脾气是常事，她们常常掩饰不住自己的情绪。不过，虽然愤怒很难掌控，还是有人发明了制怒的艺术。关于愤怒，《薄伽梵歌》中的克里希那大神给我们的建议是："有三座大门通向地狱——色欲、愤怒和贪婪，每一个理智的人都应该弃如敝屣，否则灵魂将就此堕落。"读过之后，我觉得至少就我来说，一

---

① 一种丝绸制成的印度传统服装。——译者注

个成家的男人结婚后就等于开启了天堂之路。不知道为什么，我父亲在每日晨祷时吟诵的几句话总会在我耳边萦绕不去，它的大意是这样的：

> 你是我真正的母亲，你是我真正的父亲。你是我真正的亲人，你是我真正的朋友。你是我真正的知识，你是我真正的财富。你是我真正拥有的一切，是我的上帝之上帝。

这些话并不是双关语，尽管看起来很像，但实际上毫无此意。你可能会争辩说，它们本身明显就是多义性的。不是的，要是你还没结婚，你就没法争辩，因为争辩至少需要持不同意见的两个人，哈哈……

我以前不知道有 Polysemy（一词多义）这个词，现在拼写这个词是小菜一碟，完全不在话下——现在这个时代，谷歌可以帮我们解决很多问题。在读一些古老的经典著作的时候，我惊奇于古代的伟大作家们所拥有的知识、才能、词汇以及对语言的驾驭。解释 Polysemy 一词所用的例子是，"Whenever it rains, the seal cracks and I use glue to seal cracks"[1]。很好玩，不是吗？

尽管我对婚姻研究不深，但对于已婚男士来说，我敢说他

---

[1] 意思是，每当下雨的时候，封条都会裂缝，我会用胶水封住裂缝。——译者注

们身体上半部分那个用于制造分歧的可以张开的器官已经被封住了。如果我说——我在你身上看到了上帝，这样说没什么错。很多人都这样说，大多数的已婚男士都会同意我的观点，即便他们了解到上面提到的牧师所面临的处境之后也不会改变主意。

好了，现在我要说我的妻子一直都很漂亮，而且看起来富有智慧——这是我过去很多年的切身体会，我在说实话，完全不用担心受到惩罚。我在这里不准备谈论我妻子或者女性的特质。莎士比亚说，美只存在于观者眼中，莎士比亚还说了很多，都被当作真理来引用，我还是不要继续掉书袋了。

我妻子随我来中国之后，为我的生活带来了很多改变。我会把我外出游览了解到的一切讲给她听。她会像学校里的教师一样耐心听我讲述，然后在点评中否定我，就像教师在答题纸上划一个大大的"×"，并且带着愤怒、大呼一口气把答题纸从桌子上吹走。我觉得我还算有勇气。

从马路对面打车去云山路站，然后坐地铁6号线到中央大道下车，接着转2号线去南京路……我还没说完，她又怒了，我有些坐立不安，像一块迎接大风暴来袭的招牌。"还是坐飞机回德里更容易一些"，她像法官宣判一样下了结论。我的思绪回到了我们共同走过的30年婚姻之路，这也是一段坎坷之旅。我没有勇气告诉她，就在数日之前，在去科技博物馆附近吃饭时，我的好帮手——罗马尼亚朋友展示了他精湛的乘车本领，他只讲了几个难以理解的汉语词语，就让出租司机把我们带到了目的地。

我也没有告诉我妻子，这位罗马尼亚朋友说服了他的妻子，最终他的妻子留下生病的母亲让邻居照看，来这里陪他过了一个星期。然而意外像晴天霹雳一样打乱了他的计划，我们负责的船只要进行海试，罗马尼亚朋友恰好是船上监测组的一员，所以他只好丢下他的妻子上船出海。更为悲剧的是，船只出现了严重的机械问题，需要带回安全水域紧急修理，然后重新测试。

轮船和快艇不同，上岸和下水都要耗费时间，修理也少不了需要几天的工夫。上海在长江之畔，轮船离江或入江都需要接近两天时间，入江后还要入海，离开海岸 150 英里才能进行海试。所以，由于罗马尼亚朋友忙于工作，他的妻子到上海后只能原路回国。他去接她的时候非常愉快，因为他几个月的苦苦哀求终于有了结果。我不知道她返回罗马尼亚后发生了什么，我的意思是，我不知道他会不会为妻子到中国来再做一次安排，如果他尝试这样做，她会不会拒绝他。

困难是生活的一部分，尤其对于已婚的男人来说。有一次我们赶去赴宴，我们绕了路，但是我始终保持着克制，双唇紧闭一声不吭。我唯一准许自己使用的运动功能是点头肯定。重要的是我们终于及时赶到了宴会地点，我们最终与公司的主管和老板共享了这个夜晚。

按照我的讲述，我妻子记下了去南京路的整个步骤，现在她开始一行一行地勾掉这些指示。她先勾掉"打车去云山路"，然后勾掉"乘 6 号线地铁去中央大道"，我怀疑她可能掌握了心灵运输的技巧。因为多种原因，我妻子不坐出租车，害怕是其中的一个原因。作为一个印度女人，她在保护自己的弱点免受侵害方面训练有素。这种谨慎的做法在中国可能是不必要的，最大的担心应该是在一个陌生的地方迷路，这一点在上海尤为必要，因为这里的每一个地方对我们来说都是陌生的。

我妻子对乘地铁也很抵触，她认为我们是来上海观光的，而不是大半天都躲藏在地下的闷闭车厢里。这确实令人惊异，在上海，很难想象每天有多少人、花多长时间在地下停留。上海 1995 年就有了地铁，今天约有 700 万人每天乘地铁出行。从绝对数字来看，上海地铁每年 20 亿人次的旅客流量远不如东京地铁的 31.6 亿。1977 年之后我就没有去过东京，所以我不知道那里发生了什么变化，但是了解到东京的地铁站往往连着绵延数英里的地下购物商场，的确令人震惊。对于地铁运营来说，有一个极为高效的、非常可靠的电力系统来确保连续、不间断的电力供应，正如呼吸之于生命一样关键，一旦出现事故，对生命造成的威胁和其他后果将不堪设想。

就在一个半世纪之前，亚当的子孙——人类还在用点燃动物油脂的方式驱除身边的黑暗，而今天，汉族的子孙就像蚂蚁一样渺小而勤劳，遍布上海的地下隧道就像蚂蚁的巢穴，在这里，人们在人工灯光和上千架通风机、排风扇制造的气流中来来往往。我也乘坐过纽约和伦敦的地铁，那里有湿气和霉味，照明系统的灯光是昏暗的，墙壁上留着年久的污点，但上海地铁的每个地方都光亮耀眼。

地铁上方的地面上种着小树，树苗来自别的地方，在这里成行栽种，还会用支架扶正、固定一段时间。一个世纪之前，上海就是繁华的大都市，而今天的城市规模和面貌更是远非往日可比。邓小平的经济改革试验启动之后，率先将中国领上新路的不是上海，而是与香港紧邻的深圳。没错，在 20 世纪 80 年代，是深圳第一次吸引了来自全国各地的数以万计的有志青年投身改革和经济大潮。

为吸引海外投资而设置"经济特区"的试验尽管取得了成功，但也招来了非议和批评，中国不想复制"外国租界地"，不想再次领受从鸦片战争一直延续到第二次世界大战的"世纪之辱"。中国已经看到了过去所付出的代价，并不准备重蹈覆辙。上海曾经是外国租界地的大本营，在这里，外国人以掠夺者的身份攫取这个国家的资源，也践踏了国民的自尊。

新上海的规划者决定建设浦东，而在与浦东一江之隔的浦西外滩，英、美等国租界建筑勾勒出的天际线中，依稀可见老上海的身影。这些外国的历史建筑被高耸的新城盖过，犹如一只鲜艳、美丽的蝴蝶落在了褐色的老照片上，犹如向全世界宣示，新的辉煌已经到来。曾经的中国积贫积弱，人们流血流汗地辛苦工作，为的只是让自己哀嚎的孩子能吃上几口粗劣的面包，而他们的外国雇主已经赚得盆满钵满。如今，崛起的新中国已经不再是外国人的工厂。旧时代灰暗的老建筑只能伏在新的摩天大楼脚下，就如今日的自信一扫往日失败的耻辱。

上海这座城市有一千多年的历史。第一次鸦片战争失败后，中国被迫签订《南京条约》，英国人就此大摇大摆地推开了中国的大门。上海是五个对英国领事、商人及其家眷开放的城市之一。美国人和法国人如法炮制，也在中国拿到了租界、主权和通商优待。1949年共产党建立中国政权之后，实施了对社会和历史问题的全面清理。直到1991年，上海才真正等来经济改革，所以，我们今天看到的上海是在20多年间发展起来的。如今上海的人口已经超过2400万。

我每天早出晚归，只有周末才有空闲，所以要是我的妻子平日想出门转转，只能依靠自己。我们公寓附近的杂货商店旁边就有公交车站，我对她讲过，她是知道的。有三个线路的公交车会在这一站停靠，其中两个有编号，一个没编号但有时车头上会写着汉字，我们把这趟车叫Mudrika，英语的意思是"the Ring"，因为德里有一趟公交就叫这个名字，这趟公交也没有编号，它因为在Ring Road①运行而得名。

我妻子的主意很简单，她乘上公交后就一坐到底，然后在终点站搭乘同一路公交原路返回。这样她只要记住一些站牌附近的标志，确保返回时不坐过站就行了。实际上，我们去云山路的时候就已经发现了其中一路公交车的终点站，而且离我们

---

① 道路名。——译者注

的公寓很近，所以即便她错过下车的站点，也不需要走很多路就能回来。

从我们的公寓步行去地铁站就很远了。不过上海的车道两旁都有宽阔、连续的人行便道，沿路还有树木和漂亮的开花灌木。就我而言，我不会做我妻子所做的那种尝试，要是有人给我提这种建议，我也会不客气地拒绝。我不是一个大男子主义者，但我得承认有些类似的念头一直在我头脑里蠢蠢欲动。每当我妻子对我的讽刺展开反击和辩驳，我都会戴上耳机听歌或假装听歌。

不过还是多亏了我妻子的努力和尝试，她发现有编号的两路公交车中，其中一路的终点站是中央大道，另一路的终点站是人民公园。所以，她现在只要花 1.4 元就能去很多地方，而之前出于不得已打车、换地铁，单程就要花掉 20 元左右。公交车的运行状况和车上的环境让我们印象深刻，车上一点也不混乱，而且车子跑得很顺畅，司机都是训练有素的，有很多还是女司机，身着制服脚穿靴子。

司机掌控着车上的情况，如果有一大群人要上车，他/她会要求一部分人从中部的下客车门上车。借助车上的摄像头，他/她能看到上车和下车的乘客，如果有乘客上了车没有刷卡或者没有投币，他/她总能发现并做出提醒，不过很少有乘客这样做。令人印象最为深刻的是，公交车总是一尘不染，我们经常吃惊地看到司机在冲洗车身、甚至打扫车内，在印度人看来这是不可思议的。

　　印度的情况非常严重，我们的"清洁印度运动"需要总理主动要求人们去参与。这种事情有必要进行督促和鼓励吗？保持城市清洁不应该是每一个市民的责任吗？然而印度人认为清洁工作是贱民才做的工作，我们不愿意被人看到在扫地，而是习惯把这种不体面的事情交给别人去做。

　　这种事情丢人吗？一个小孩子不做这种事情尚可理解，因为他可能没有能力去做，我们成年人也没有能力吗？我谈论的不仅仅是一个关于个人卫生的问题，试想，如果在我想撒尿的时候，我刚好经过一面墙，然后我靠着墙解决了问题，我这种做法是不应该的，但是如果附近就有厕所，但是厕所实在太脏，我实在不能忍受，这怪谁呢？一个厕所要正常使用，最起码要有供水和照明，但是印度的厕所没有。置办设施的资金都被挪用或侵吞了，人们别无选择，只能在露天的地方解决问题。

　　问题不仅是到哪里小解或大便，我强烈认为，培养清洁的习惯应该从学校抓起，而莫迪的"清洁印度运动"应该从清洁体制内的腐败开始——只有内心干净的人才能建设一个干净的国家，这是一项极为艰巨的任务。在一个民主国家，权力由赢得选举的人掌握，这种任务很难完成，因为控制选票的是已经从腐败的前任领导人中获益的既得利益集团。腐败有大有小，可能小到送一瓶酒，也可能大到涉及价值数百万美元的合同，或者帮助别人获取土地溢价、得到有利可图的职位。

　　并不是说印度的教科书里没有安排卫生和清洁的学习，而是印度的教育只考察死记硬背的效果。你会遇到很多人，他们并不博学，但工作生活得心应手，因为能拿一堆学位并不等于真正受过教育。真正的学习需要身体和灵魂的共同参与，如果学习不能提升自己，不能拓宽自己的视野，那就像瓦灯摇曳不定的火焰一样，虽然能够照亮前方的一小段路途，但也会在四周投下巨大的疑惑之阴影。学习就像太阳之光，太阳升起的时候，黑暗将被一扫而光。

　　我妻子的外出尝试让我对周边有了更多的了解：附近有一个大型的蔬菜市场；豫园距离南京路约有一公里；从南京路步行去豫园很容易，没有必要坐两班地铁……短短几个月之内，她就摸清了很多公交车的行驶路线，从此，我们开始像真正的上海人一样出行。

穿着古怪的现代女人

　　这些天我在陆续发布题为"中国 30 年的变化"的一系列博客。博客都是根据一个叫 Xiao Yun 的朋友发给我的图片创作而成的。她辛苦地收集了很多对比图片，为的是突出经济改革给中国带来的变化。网友"查尔斯先生"看到图片后发表了如下评论：

　　　　这些老照片勾起了我的很多童年记忆，让我激动得眼睛湿润。我现在 25 岁了。我出生在贫穷的农村。这些照片里的大部分事物和场景都是我看到过的。在我的童年，食物永远是短缺的。父母在田里日夜劳作，只是为了一个简单的目的——让全家人吃饱。我们的早饭和午饭通常是玉米粥，只有晚饭才能吃到大米。我仍然记得，我父母用鸡蛋做饭的时候总是加很多韭菜，这样我们就能"多吃一些"。一直到 13 岁，我都和我的小弟弟睡一张床。我们会步行到两公里之外去看露天电影……现在，可能大部分年轻的一代人不知道黑白电视是什么样子。要更换电视频道需要转动旋钮。寻呼机也是富有的象征，只有少数的富人才用得起这些东西。

我在回复中是这样说的：

　　你好，查尔斯，我的父母也不富有，他们要供养我们四个孩子，不过一个普通的印度人在衣食方面还是比中国同胞要好很多。过去中国的确很穷，最为明显的是，现在大部分中国人都了解旧时挨饿的日子，不过中国已经用决心战胜了贫穷，而他们的印度同胞只能自叹不如。原因并不是缺少机遇，而是缺少决心。

过去我们家里没有冰箱也没有电视。直到我母亲 1975 年去世时，我们也没有这些东西。1982 年我才从挪威买了第一台电视机，不过我带回家之后把它送给了我的岳父，我们家最

早拥有的电视是 1984 年从新加坡买来的。那时候印度还没有
生产彩色电视机，冰箱、洗衣机都是 80 年代起才开始在国内
生产，不过人们还是喜欢买进口货。当时市场上也没有中国品
牌的商品。对进口商品的限制保护了印度工业的发展，当然，
你可以从国外买这些东西带回国，但要缴纳高额关税，你也可
以花高价从黑市上买进口货。

　　印度政府实行的这种抵制进口的保护性政策非常好，它给
本土工业提供了发展空间。现在印度几乎可以在国内制造任何
商品。就连我们送上火星的"火星飞船"以及发射飞船用的
PSLV（极轨道卫星运载火箭）都是印度本土制造。我们的现
任总理莫迪提出了一项名为"印度制造"的政策，他希望通
过这项政策吸引外国公司来印度投资办厂，他保证为外商提供
友好的营商环境和健康的政治生态。政策的最终目的是创造就
业、拉动经济。

　　我们在上海的邻居是一个中国女人，我看到她总在忙
碌。她的丈夫是一个美国人，他们有一个漂亮的女儿，小女
孩有着蓝色的眼睛和粉色的皮肤，很像她的父亲。他们在公
寓楼下的马路对面经营着一家餐厅酒吧，餐厅主要提供欧陆
风味的饮食，面向欧洲和美国的客人。我们的社区里有一些
美国家庭，可能也有英国家庭，这些家庭里常有十几岁的女
儿。我发现她们穿着古怪，甚至我邻居的穿着也相当夸张。
就穿着打扮而言，中国社会应该比现在的印度社会更为包
容，不过即便在最为自由的社会，在穿着得体上也应该有可

接受的限度。

现在有一些年轻的印度女士会穿短裤，但为数不多，至于穿迷你裙或连衣裙的女孩子，在印度你很难见到。我最近去德里参加了一场婚礼，看到大多数年轻女士穿着低胸露背的沙丽服上衣大为吃惊。这是相当大胆的装束，我承认我没法接受，可能是我太老了，对我来说穿着暴露就等于庸俗。女人穿上沙丽服看起来非常优雅，虽然沙丽服只是裹住身体的几码布，不能展示腰部以下的美，但这不代表女人需要把腰部以上的部分尽可能暴露作为补偿。

沙丽服已经堕落到能够被接受的底线，不能再堕落了，否则将走上末路。20 世纪 80 年代时，沙丽服能遮住肚脐以上，不过从此便开始滑落，现在几乎滑落到肚脐以下一码的地方。我不应该说印度女人变得越来越粗俗，说她们正在返祖更合适一些。返祖不是回到露西的同胞在印度生活的年代。

有些人不熟悉人类学，我需要对他们解释一下，露西是一具古人类化石的名字，她的几百块骨化石是一个女性阿法南方古猿 40% 的骨架。1974 年，露西被发掘于埃塞俄比亚阿法尔谷底阿瓦什山谷的哈达尔，她可能是最早生活在地球上的女人。

我们不需要回到露西的时代，只要看一下人类还没有学会制作衣服的时代或者印度神话故事里的人物在印度生活的时代就够了。从一些类似《罗摩衍那》和《摩诃婆罗多》的史诗来看，如果我们相信电视中对它们的描述，那么当时的印度女人的确比现在穿得少。

谈到女人穿什么不穿什么时，很多想法不期而至，但我最初关注这个话题是因为我的一些记忆：我曾经在印度的奥里萨邦参与一项工程，这让我见到了一些部落妇女，她们通常上身赤裸，甚至连胸罩或紧身衣也不穿。沙丽服的一端能够巧妙地裹在身上——这一端叫作巴露（Pallu），但妇女们需要用头顶搬运成捆的木柴，或者从远处的池塘运水回家，这使得她们遮羞的任务更为艰巨。

有人曾经开车经过拉贾斯坦邦的皮尔瓦拉地区，我听这个人说，生活在拉贾斯坦邦、古吉拉特邦和中央邦接壤地带的部落妇女也是上身赤裸，至少数年前还是如此。由此看来，现在的女性穿着暴露似乎也不是什么新鲜事。过去，在读一份澳大利亚杂志的时候，我发现了关于这一话题最好的评论，发表评论的大概是一个澳大利亚原住民，他写道，当白人第一次登陆澳洲的时候，在海滩上看到我们赤身裸体，他们惊呆了。白人教我们怎样穿衣，现在我们穿着得体，却看到他们在海滩上大秀白肉。

据我猜测，裸体主义者俱乐部是富人的特权，像我这种人连偷看也不会被许可，更别说成为会员。按理说，财富的能量足以让一个人感到温暖并拥有热心，令人奇怪的是，你经常发现富人冷酷无情。

一些中国人经常向我表达拥有一件沙丽服的渴望，他们为此着迷。世界上的大部分人都有同样的渴望，还有很多人疑惑沙丽服怎样穿在身上。我遇到的多数中国人身材都比较小，如果她们尝试穿沙丽服，更有可能把自己困在里面。

上海的女孩肯定比印度的女孩更时尚。我不知道中国父母对孩子的管束程度如何，但我敢说孩子肯定不会被放任骄纵。中国社会对婚前性行为态度保守，尽管有些女子热衷于找欧洲人做男友，并且把他们当作个人资本来炫耀。

在上海的街头，我经常遇到成对的女孩子来搭讪，她们会像背台词一样对你说，"我们是外地人，到上海来找工作，工作还没找到，我们很饿，快走不动了，老师你行行好，给我们一点钱，让我们买点吃的吧……"她们的话对我真管用，我信了很多次，在我识破她们的骗术之前，每次都掏给她们15块到20块。我还算幸运，没有落入更严重的"特殊服务"陷阱，因为卖淫在中国是违法的，印度也是如此，男子在接受性服务时被抢劫财物的事情，我在报纸上看到过很多次。我只希望被抢劫的财物不是裤子，出现这种情况会非常有趣，因为受害者也是犯法者。

不过，我对这种骗人的花样一点也不陌生。我第一次经历这种事情还是上个世纪70年代。当时我步行去康诺特广场赶公共汽车，突然迎面走来几个女人，几乎挡住了我的路，其中一个女人肚子很大，似乎有些痛苦，她一旁的女人解释说，她随时可能生产，但她们没有钱送她去医院。我当时还是毛头小子，不知道快生产的女人能不能走路，不过我现在也不知道，总之，当时的我就像现在一样愚蠢，这种鬼把戏甚至现在也能哄住我。因为我是一个非常容易心软的人，我不敢想象女人在马路边生产。

当时我还没有女朋友，不过我已经被一个女人漂亮的外表迷住了，她就像上天派给我的。结婚之后我就习惯了，而且我成了一个顽固的受虐狂，不过我不是在街头被搭讪而认识我妻子的，我给我妻子起的绰号叫 Smart Sulekhika，她从没干过诈骗的勾当，她只是一个小气鬼而已。

心理学家约翰·格雷写过一本畅销书，书名叫《男人来自火星 女人来自金星》，他在书中关注到了男女天性的不同。不过在我看来，如果他真想用物理距离作为隐喻的话，他应该选择距离更远的行星，比如海王星或者冥王星。尽管他的书霸占畅销书榜单数年之久，而我的书可能无人问津，但我还是要说，在理解女人方面他只是一个新手。

步行街和购物中心

我们的邻居给女儿买了一对小兔子。笼子只在屋里放了一两天，就挪到了我们两家共用的门口走廊里。我知道她为什么把笼子放在外面，实际上，她把兔子带回家那天，我就想给她这种建议。公寓建造的时候只考虑了两足动物，室内空间只能容纳一个小家庭，我搞不懂那些在家里养狗的人是怎么办到的。虽然兔笼不怎么占用空间，但如果放在室内，兔子的粪便、尿液和腐烂的菜叶混在一起，恶臭熏天，室内的人注定难以忍受。笼子被移放到电梯旁的走廊里后，走廊也开始变臭。我想提醒她，但又很难开口。

　　不过真是谢天谢地，我邻居也发现臭味的确严重，并且可能决定要把这对毛茸茸的小生命送给某个朋友，这个朋友家里也一定有一个与邻居的孩子年纪相仿的孩子。我顿时感到轻松不少，希望恶臭能够在几天之内散尽，因为当时我的妻子就快来了。

　　几天之后，我发现笼子又出现在了走廊上。我邻居的朋友可能也遇到了同样的问题，最后做出了物归原主的明智之举。我不知道后来我的邻居是如何处置的，是把兔子送给了其他人，还是把它们端上了自家餐厅的餐桌，总之我没有再见到它们。

　　在南京路和人民公园，偶尔遇到一个打扮招摇的女人向你搭讪并不稀奇，她通常会对你说，希望能和你一起喝杯咖啡。最近也有朋友告诉我，他在码头打了一辆出租车，司机是个女孩，上车不久女孩向他索要100美元，并且威胁他，如果不从就告他性骚扰。这种事情真的很可怕，换做是我的话，如果我没有被吓晕，肯定会乖乖掏钱，然而我的朋友说，他鼓足了勇气，表示拒绝掏钱。司机没有继续威胁，当然也没有真的诬告朋友性骚扰，因为按照指示，中国警察通常会帮助而不是欺负外国人，但是在印度，强奸犯首选的犯罪对象就是外国人，而且警察也会干同样的勾当。不过，几乎有将近一年时间，我没再听说印度的警察卷入强奸案，现在该是行动的时候了，不然怎么对得起维持多年的声誉。

就保护外国游客的安全而言，印度的形象非常糟糕，这种状况让人伤心。白种人是印度人的软肋，乌克兰人、美国人和来自欧盟国家的白人女性在德里很有市场，且标价不菲。虽然本地的东西也卖得很好，但是至少在心理上，喝纯正的苏格兰威士忌或 IMFL（Indian made foreign liquor 的缩写，意思是印度造的外国酒）是不一样的。中国人不热衷外国威士忌和外国香烟，他们更喜欢本土的牌子。我不了解中国男人对于女性的偏好，不过我有理由相信，一些中国女人喜欢白人更胜过黄种人。

商场里一般都有酒类专柜，其次是香烟专柜——中国人烟瘾很大。餐馆、发廊也经常可以在商场找到。按摩院和 KTV 同样非常流行，广受欢迎。我妻子最喜欢待在各种商店里消磨时间，她经常是什么也不想买，却能在任何一家商店里闲逛几个钟头。她甚至能让店主围着她团团转，艰难地解答她的问题，离开商店时仍然能够不带一丝歉意。热衷逛行可能是女人的普遍习性，我敢说所有做丈夫的在这个问题上都颇有微词，不过他们能做的也仅此而已。

男人没法和女人共享购物的乐趣，只能坐在店门口发发牢骚，抽根闷烟，看着身边人来人往，感慨自己运气不佳，总之除了等待，没有别的办法。不过我倒是自得其乐，在南京东路的商店外面或是人民广场，我可以一连坐上几个小时而不会厌烦，形形色色的路人就是最好的风景。看到年轻的恋人手挽着手，孩子纠缠着父母，老人蹒跚而行，我会倍感愉快。

　　沿着南京东路的步行街向西走，到底就是人民广场，步行街两侧有很多购物中心。夜晚，整个地区被闪烁的彩灯照亮，不过你很难安静地坐在这里凝神沉思，因为不时就会有人向你兜售冒牌的手表、钢笔，要么就是年轻人踩着轮滑鞋经过，或者有人想为你提供按摩服务。我的沉思也会经常被我妻子的突然降临而打断，她刚从一家商场出来，通知我马上要去另一家。

　　我的父母、老师和社会在我的成长中教我如何看待事物、区分对错，我坐在街头观看路人的时候就带着这些观念，这些人是我所不了解、与我毫不相干的，不过他们身上也有让我感到似曾相识、引我深思遐想的地方。

　　每一分钟都有人在查看垃圾箱，如果里面有丢弃的饮料瓶，他们会用手里的夹子取出来。他们要动作麻利才行，否则其他垃圾箱里的废品就可能被别人拣走。这些人靠拣废品能有多少收入暂且不论，至少他们不是在乞讨。在上海很难发现乞丐，我只在开往机场的地铁上见过一些。

　　印度遍地都是乞丐，而且多数乞丐本来能够自食其力。不管是印度教、伊斯兰教还是基督教，印度所有的教派都教育人们要善待穷人，所以人们不仅会对穷人施舍钱财，还会在特定的吉日或场合为穷人提供膳食。除了乞丐，神职人员也在拖印度的后腿，这些所谓的圣人（holy men）只会用自己的演讲术攫取利益。他们被视为神的后代，是因为偶然拥有了一些特殊的感官知觉。不过这种说法也未必靠谱，因为他们的工作并不需要任何超于常人的知觉，毕竟他们只会说可能怎样、大概如何，遇到问题的人从他们那里也只能得到一些奇奇怪怪的解决方式。也许他们只是善于说谎、编故事而已，谁知道呢？

例如，对于一个由于妻子的出轨而饱受折磨的人，如果他去找一个冒牌的神职人员请教解脱之道，得到的点拨很可能是："听着，你只要挑一个新月之夜去太平间，对，带上吃的，去太平间喂一条黑狗……没错，听我的，这样做就够了……"然而要完成任务并不容易，这个可怜的人可能会被吓死，或者他在太平间里根本找不到一条黑狗。但如果他妻子的情人偏巧这时候遇到车祸，一命呜呼，那么这个冒牌的"巴巴"（人们通常都这么叫）就会爆得大名。

这种荒唐的事情可能会让你大吃一惊，但在现实中，"巴巴"们指给普通人解决麻烦的方法的确无奇不有。印度有数千名这样的"巴巴"，无知无识的大众很容易受到愚弄，他们相信因果报应，认为神会惩罚罪人，而好人自有福报。

朝拜上海的寺庙

我儿子和我的小姨子 7 月到上海来玩。我和妻子去接站，并且决定带他们坐一次磁悬浮列车。他们要在上海待两周左右，所以我妻子在日记里把日程安排得满满当当。我发现每天的行程里都有"去豫园商城"，而且用粗体字写在最上面。这样安排也符合我的想法。每次出门，不管我们先去了哪里，最后总会在豫园商城度过大半天，有时甚至是一整天。

天气越来越热，越来越潮湿。现在不是来上海的好时候，不过他们没有别的选择，而且对他们来说并非不可忍受，因为印度的天气比上海更沉闷。我们带他们看了上海所有的热门旅游景点，还一起看了世博会，人流的拥挤程度并不比一个月前展览刚面向公众开放时有所减缓。不能说是"人流"，说是"狂潮"更合适一些，最受欢迎的展馆根本没法进入，而中国馆在这个榜单上排第一位。

我妻子试着和维持队列秩序的工作人员沟通，解释说我们第二天就要搭航班离开上海，然而撒谎并没有用。一个男子说，如果我们能出示机票，他就放我们进去。我妻子并不罢休，她试着去请求一些女性工作人员。她成功了，一位工作人员把我们安排到了队列中比较靠前的位置。他们没有随意使用特权是对的，这种行为很可能引发骚动。我们离开中国馆的时候已经是下午。中国馆好极了，每个参观者都为之着迷。接着我们匆匆看了一些不太知名的国家的展馆，这些展馆的游客要少一些。第二天我们又看了其他一些展馆。

我们看了博物馆和水族馆。我们过去在新加坡也看过水族馆，上海的要大得多，有种类繁多的海洋生物，感觉棒极了。去游乐园的时候，我体验了一把过山车，这是我结婚以来最过瘾的一次。实际上，有很多类似的娱乐设施能让人感到刺激，但我一样也不感兴趣，那些玩法会让我恶心、头晕。我只跟他们坐了一次大转轮，然后拒绝再尝试秋千和其他摇晃的娱乐设施。那天下午下着毛毛细雨，我们度过了快乐的一天。

我妻子更喜欢去寺庙朝拜。静安寺是比较容易找到的，在寺庙外面的一根柱子上，我发现四头背对背站立的狮子竟是鹿野苑①的复制品，这让我非常吃惊。四头狮子分别象征着权力、勇气、骄傲和自信，四头狮子加上牛、马和轮子就是完整的印度国徽。能在中国的街头看到昂首挺立的四头狮子，我感到非常愉快。寺庙的屋顶因为有镶金装饰，在夕阳中闪闪发亮。

寻找玉佛寺要困难一些，幸好我们在下车的公交车站遇到了两个女孩，她们一直把我们带到了玉佛寺门口。参观中国的所有寺庙都需要门票。玉佛寺的游客很多，但没有多少是真正的信徒，不过祈祷和仪式都按照佛教信条进行。在中国，宗教活动被限制在寺庙之内，虽然我不是无神论者，但我认为这种限制可以有效控制狭隘的宗派思想的传播，这种思想过于泛滥会带来社会偏见和种族仇恨。

我们继续探寻上海的其他地方，公交车、地铁、步行三种交通方式都不排斥。我们能够感受到中国人的勤劳、智慧、他们的合作精神以及对城市建设的支持和贡献，没有公众的参与，政府的规划和安排很难得到落实。而在印度，莫迪总理的

---

① 鹿野苑是古印度佛教圣地，鹿野苑著名的阿育王石柱上有四头狮子。——译者注

"清洁印度运动"不会成功，除非每个市民都能主动担起责任。

我的侄女是一位建筑师，她来上海休闲，也兼带学习考察。她去了上海城市规划展示馆，并且告诉我们整个项目是如何规划的。她说上海的城市规划着眼于未来50年的城市发展。印度能做到吗？

她想吃地道的中餐，我感到非常抱歉，因为时间所限，我没法带她外出。

第九章

两次武汉之行

▷▷▶

高速公路和朱家角古镇

虽然我离开秀山到了上海，但我仍然没有太多机会看到中国的高速公路。算起来，我只在从长兴岛去崇明岛的途中对高速公路有过匆匆一瞥，当时是去船厂的某家附属单位，这家单位为船厂制造某种机械，我前去做检查。

每次经过水底隧道或跨海大桥、长江大桥，我都会为之着迷，同时惊讶于中国所取得的进步。印象最为深刻的是 2010 年 11 月开放的上海长江隧桥（包括上海长江大桥和上海长江隧道）。隧桥全长 25.5 公里，其中隧道长 8.9 公里，分上下两层，上层是六车道的公路，下层是地铁；大桥长 16.6 公里，仅用四年（2005—2009）就宣告建成，造价 18.4 亿美元。而所有这些只是 G4C 沪陕高速的一部分。上海有几座跨江大桥，除上海长江大桥外，还有长 32.5 公里的东海大桥，长 8.35 公里的杨浦大桥、南浦大桥、卢浦大桥、徐浦大桥和松浦大桥。

　　数年之前，当时还是印度国大党掌权的时期，印度财长曾宣布要在昌迪加尔和德里之间建设高速公路，国会议员为之鼓掌、兴奋地拍桌子。如今国大党已经失势，未来十年高速公路也未必能够建成。上周我开车从德里去昌迪加尔，每隔 10 到12 公里就能见到一处毫无生气的建筑工地。

　　这条公路被命名为 NH1（National Highway No. 1 的缩写，意思是国家 1 号高速公路），也就是说，这是印度国内第一条交通大动脉。实际上，最初建设这条公路的是国王 Sher Shah Suri，他 1540 年到 1545 年在位，在短暂的时期内统治了印度的部分地区。我之所以在这里提到他，是因为他在执政期内注重修路，连接白沙瓦和达卡的大干道（Grand Trunk Road）就出自他的手中。

　　如今，大干道留在印度境内的部分被印度照管得很好，不过我不知道德里之外的部分状况如何，即便是印度国内连接阿巴拉和阿姆利则的那段，我也很少有机会去。我熟悉的是从昌迪加尔到德里的一段，每次经过都在翻新或重修。毕竟每条路都需要修理，我家门口的车道也一样，只不过昌迪加尔政府未必会注意到它的存在，因为我不是什么重要人物。

　　我们家外面的罐子深得可以叫作池塘，每天都会注满邻居们洗车和冲刷门廊的废水，我把车开上坡道的时候，心里总在打鼓：我可不能掉进去呀。听起来有些夸张，是的，水还没有深到能淹没我的羞耻感——我为市政公司感到羞耻，为了挪用资金，他们的人乱填检修日志。市政公司的头头脑脑每年都会出国学习考察，兴尽而返，还是像过去一样愚蠢。

扯得有点远了，还是继续说大干道。如今大干道唯一突出的变化是多了收费站，在雨季里看起来就像槲寄生。收费站不需要解释收费的用途，因为这条路就像一个生病的老人，无论你做什么，它的状况都会继续恶化，从我开始在这条路上穿行、奔走算起，我已经看着它蹉跎了接近 50 年。如果印度就是以这种方式进步的，那么比"进步"（progress）更恰当的形容词应该是"退化"（regress）吧。

昨天电视上播出了一则令人震惊的新闻，在对北方邦负责一些高速公路项目的某首席工程师的突击搜查中，国家机关发现此人拥有的财物可能高达 100 亿卢比以上。仅从他的汽车里就搜出 1 亿卢比现金，而他在德里郊区诺伊达所拥有的豪宅估价至少 5 亿卢比。

他的月薪不过 7 万卢比，无论如何也不可能有这样的财富积累，显然他以发放合同为条件，从承包商的口袋里拿了好处。这么多的钱从一个高速公路项目中抽出，你怎么能指望这个项目完成后会比豆腐渣工程更好？真正令人担忧的是，做这种事情的肯定不止他一个人。可以想象，与他有工作来往的上上下下的人都多多少少难脱干系。

在印度中央调查局（CBI）对 Shradha 投资基金骗局的调查中，西孟加拉邦政府的主要官员纷纷落马，在这场骗局中，据说被骗者损失的总金额达到 14 万亿卢比。整个闹剧只是一场"庞氏骗局"，所以总有一天要败露，而正是在这样一场骗局中，西孟加拉邦的很多立法会议员参与其中并串通一气。该邦首席部长班纳吉（Mamta Bannerji）大呼自己蒙受了不白之冤，认为这是印度人民党（执政党和现任中央政府）精心策划的，目的是玷污她的形象。

　　这就是印度的病症。为国家工作的精神和荣誉感正在流失，每个人都只对玩手段、赚快钱感兴趣。责任心不复存在，良心也正在死去。如果你善于钻体制的空子，在人们眼中你就是聪明人，如果你有权不用、有利不图，就会被认为不开窍。

　　尽管印度的国家交通体系包含了 1 万公里的四车道公路，但它们在技术上不能被称为高速公路，因为高速公路必须是全线封闭、出入口进行控制的。按照维基百科的数据，今天印度的高速公路只有 942 公里。

　　印度计划在 2022 年前增加 18637 公里的高速里程，这一目标可能实现的前提是，现任政府必须能够连续执政且地位稳定，即便如此，考虑到我们有延迟工期的先例，我认为我们在 2032 年之前不可能完成任务。而且，受贿上百亿卢比的工程师还会出现。

　　相比之下，中国曾经定下过 2012 年建成 85000 公里高速公路的目标，我相信这个目标如今早就实现了，而且中国的路面质量很好，用作飞机的跑道也没问题。当我消极地描述我的国家的时候，我感到痛心疾首，我把中国的进步展示出来，也只是希望能够唤起一些印度同胞的自尊和良心。

有一次，船厂安排我们去上海的朱家角古镇游览。那是我第一次长距离体验中国的高速公路。一路上都有连续的隔离护栏，既没有扭曲损坏，也没有缺失，甚至外观上也洁净如新。公路不仅高于周围的田地，而且两侧的下方都有壕沟，目的是防止动物爬上路面。这种意外在中国似乎不太可能发生，因为不论是家畜，还是流浪或野生的动物，都不可能在中国自由活动。此外，也极少有人在高速公路上冒险、随意穿行。

我有在欧洲和美国驾车的经历，途中出现类似"动物穿行区——小心"的警示标志是很常见的事情，在澳大利亚的悉尼，我还遇见过"鸭子穿行——小心"的标志。类似的标志表明了国家对动物保护的关注。我搞不懂中国人是怎样对待动物的，你在公路上看不到狗或者猴子，也没有小鹿、兔子甚至蛇。它们都藏到哪里去了？

野猪、蓝牛以及其他一些动物都能在印度生存和自由活动。看起来，自由可以惠及印度的所有生物，而中国领土上的动物则只能处处领受被限制的待遇。一个中国朋友告诉我，在他小的时候，无锡附近有很多青蛙，那是他父母生活的地方。但是现在你找不到青蛙了，甚至在商城的食品区也不容易看到。我个人对此感到非常难过。为了求生，所有的生物都需要以其他生物为食，问题是人类已经疯狂，一些物种不断因此走向灭绝，这是很可悲的。

在地球上，人类是唯一有能力理性思考的生物，这听起来似乎很荒谬，实际上，如果没有人类，对其他所有的生物来

说，我认为这会是一个更加美好的星球。过去我们没有类似的
知觉和意识，而今天保护生态环境已经成为全人类的共识，我
们应该遏制自身的欲望，毕竟其他生物也有生存的权利。我们
印度人认为，自然的每一种造物都有其目的，每一种生物都扮
演着独特的角色。我们有足够丰富的食物，不必再到深海去攫
取更多。

我们在正午时分到达古镇。由于是假期，来游玩的人熙熙
攘攘。对于来中国的外国游客，我会建议他们不要在公共假期
贸然去景点游玩，因为假期里的中国人会挤满这些地方。由于
是一座古镇，且坐落在河岸上，这里的街道都非常窄，跨河的
木脚桥挤满了人，发出吱吱嘎嘎的声响。到处都是在走路、交
谈、闲坐、拍照、吃饭和购买纪念品的中国人。商店里的生意
异常繁忙。

古老的印度村庄

对我这个印度人来说，朱家角古镇没有什么值得兴奋的东
西。几乎每一个印度村庄都有古老的历史，实际上，历史就是
这些村庄的现实。在印度的村庄，到处都能看到破败的棚屋和
朽坏的围墙，建筑材料是石头、黏土和牛粪，街道是细瘦狭窄
的，点缀着露天的排水沟，池塘为人和动物所共享。

陶器仍然在使用，制陶的工匠仍然离不开原始的制陶转
轮；耍蛇人、算命先生、鞋匠都没有丢掉饭碗；弹花机也没有

成为古董，弹棉花还是要用到木槌和弹弓；牛粪在太阳下烘干，光裸的小孩子也在太阳下玩耍……这些都是几个世纪未曾改变过的。

由于近些年在现代化中的快速进步，中国可以将大城市周边的古村落作为景观展示给游客，但对于印度村庄的居民来说，即便是大城市周边的村庄，他们仍然生活在古老的历史、传统、宗教和礼俗之中。

印度独立之后，也是在圣雄甘地倡议清洁近一个世纪后，纳伦德拉·莫迪总理通过"收养"一个村庄，第一次唤醒了国家对农村和农民困境的关注。我希望他的行动能够被效仿，当国家向现代化迈进的时候，不能忘记支持农村地区的发展。和中国不同，印度不会让农村人涌向城市工业区，因为印度人与土地就像孩子与母亲一样有着难以割舍的血肉联系。

中国有一大部分的土地是贫瘠的，这些地区气候恶劣、地形复杂。和中国相比，印度的土地非常肥沃，印度人民在这些土地上世代耕作。虽然领土面积只是中国的三分之一多一点，但印度适宜耕作的土地面积却是世界第二，仅次于美国。不过印度的土地划分严重，结果是地区越分越多，每个地区的面积则越来越小。这不利于机械化耕作，因而产量低下，农业的生存几乎难以为继。在印度，这是农村人离开农村去城市务工的主要原因。

自 1960 年以来，印度每年的水稻种植面积都超过中国，而中国的产出却大幅高于印度。虽然这一差距随着时间的推移

逐步缩小，但数字上的绝对差距仍然悬殊。就小麦而言，1960
年到 2000 年间，中国的小麦种植面积是高于印度的。在 20 世
纪 60 年代和 20 世纪 70 年代早期，印度的小麦产量超过中国，
但在 70 年代中期以后，印度被中国反超，最近的十年里这种
差距达到了顶峰。甚至在棉花生产中，虽然印度取得了令人印
象深刻的进步，但中国的原棉产量仍然超出印度 40%，单产
比印度高 2.5 倍。

　　像印度这种贫困国家，减少贫困最有效的方式是提高农业
收入，因为据报道称，印度有 70% 的农村人口和 50% 以上的
农业劳动力人口。我不知道土地改革之前的中国人有没有土地
情结，因为改革之前多数中国人是没有土地的，他们只能为地
主做工，而现在所有的土地都归政府所有。印度的情况有所不
同，在印度，很多代印度人都依附于自己的一小块土地而生
存，因此失去土地的痛苦不亚于割掉自己的肢体。印度要想繁
荣，应当推动工业扎根农村，而不是让农村人到城市找工作。

　　虽然从事农业已经无利可图，供养家庭尚且不能，更不可
能让农村人富起来，出于对土地的热爱，人们宁可生活在贫困
之中，也不愿到城里拿更好的薪水，因为他们的童年和家庭在
农村，他们熟悉的生活在农村。历史很难被擦除，莫迪建设新
印度的挑战也正在这里。

　　我生活在印度最现代的城市。它 1952 年开始建城，那是
印度摆脱英国宣告独立的数年之后。法国城市规划师勒·柯布
西耶受聘担任这项工作。城市的选址在喜马拉雅山的山麓，被

分为若干区域，然而后来城市发展太快，超出了设想的限度，结果在迅速扩张的过程中吞并了很多村庄。我们家的后院差不多原来属于一个叫 Burail 的村庄，虽然城市吸收了这个村庄，却并没有按照柯布西耶的设想拆掉它，建设新的房子和车道。做建筑师的侄女告诉我，计划虽然吞并了周边乡村，但不会破坏它们的遗产。

就像拼图中的一小块，村庄已经成为城市的一部分。进城50年、在这个村主附近也居住了20年之后，当我第一次进村的时候，我才知道它的存在。到目前为止我也只去过三次，每次我都会迷失在小路纵横的迷宫之中，直到迷迷糊糊走上一阵、再次看到熟悉的城市，才感觉回到了真实的世界。

我吃惊地发现村庄内部坐落在一个小土丘上，那里有残余的堡垒，正在被村民的房屋所侵蚀，各个部分不断被村民设法据为己有。我尝试查考村庄的历史，但一无所获。谷歌没有，城市管理部门的网站上也没有。在维基百科上，我找到了十个以上公元前几百年前就存在的城市，但没有一个提到这个叫Burail 的村庄。像其他数以千计的废弃的古城堡和堡垒一样，它的历史已经被时间掩埋，只留下遗址作为见证。

街道是如此狭窄，村民坐在自己的房子里，打开窗子就能和对面房子里的邻居握手。电线在头顶纵横交错，很容易引发火灾，然而一旦出现火情，消防员很难到达这种逼仄的地方发挥作用。这正是所谓的"美丽之城"的一部分，而当局对这一称呼极为认真，声称绝不让城市规划出现一丝偏差。

柯布西耶的设想是将村庄夷为平地，重建一个现代化的新区，但城市管理当局没有采纳，而是保留了村庄，称其为历史遗产，或者只是为了避免惊扰马蜂窝？所以说，在对发展的认识上，印度和中国有着截然不同的观念。中国政府只需要用扩音器做一个简短的声明，就能将某个村庄推倒重建。

现代印度不会仅仅存在于历史的废墟上，而是要给历史以新生。重建印度、清洁印度将会是一个艰巨的任务。莫迪承诺把 Kashi① 变成印度的京都，这个任务就像让恒河重回天堂一样困难，如果能够让印度人去京都工作，把京都变成 Kashi 倒是更容易一些。在伦敦的 South Hall，除非你关注到了印度糖果和其他印度货在那里的售卖价格，否则你不会相信你是在伦敦。

出差去武汉

2010 年 5 月 19 日，我有一次乘飞机去武汉出差的机会。陪同我的是一个质控工程师。我有两天的时间留在武汉，因为头一天工作到很晚，所以第二天有时间在城里闲逛。武汉是湖北省的省会，也是中国中部地区人口最多的城市，它坐落在长江和汉江的交汇处。在交通上，武汉是多条铁路和公路交汇的

---

① 印度历史名城瓦拉纳西的古称，位于恒河岸边。——译者注

枢纽城市。除此之外，它还是中国中部地区重要的政治中心、经济中心、文化中心和教育中心。

武汉的机场令人印象深刻，我们搭车前往工作地点时所经过的火车站也同样如此。行驶几英里后，车子拐上了一条窄路，随即又上了一条砖铺的路，大概是抄近道。我们路过一些屋子，可以叫作棚屋。这里很像脏兮兮的印度小镇，只不过周围看不到流浪的牛和狗，我们经过的时候，倒是有一些母鸡匆匆躲开。街上没有垃圾堆，空气中闻不到尿骚和粪臭。

车子离开居民区，拐上公路，然后上了高速。这一次仍然令人印象深刻，高架桥一直向远方延伸，这种桥梁式的高速公路完全自由，可以避开任何障碍和干扰，即便车流很大也能畅通无阻。城市本身灰扑扑的，因为正在为建设立交桥、地下通道和地铁开挖地面，而且工程规模巨大。在路上行驶和停在商店前面的汽车都蒙着一层尘土，这和印度的另一个主要城市很像，只不过路上少了狗和牛。在城市的郊区，我看到开放的垃圾场里堆满了没有清理的垃圾，当时是下午，这些垃圾应该是白天从别处运来的。

我们最终到达工厂，工厂里有一座毛泽东的雕像，这是我第一次见到毛的雕像。上海浦西的江边也有一座，我是后来才看到的。在中国住酒店非常便宜，我们住的那种每天只要200—250元，约为30—40美元，而且提供免费的早餐。甚至五星酒店的早餐也是免费的，只是如果你去得太晚，选择的余地就可能不太多。中国人吃饭非常准时，早餐是7点，午饭是上午 11 点半，晚饭是下午 6 点。中国人有抢吃的习惯，在船厂，我经常好奇地看到人们争先恐后地奔向餐厅。

虽然我们没有必要在船厂的餐厅里争抢或排队，但食物消失的速度的确很快，所以动作麻利一些还是很有必要的。虽然你无论如何也不会没得吃，但要是晚一步，你就得等服务人员去后厨重新添补食物。印度人也很贪婪，他们在婚宴上也不甘人后，但还不至于跑起来，除非是在选举中，但那也只是象征性的表演而已。

印度人最近一次值得一提的奔跑发生在 1960 年夏天，那一年，印度运动员米哈·辛格在奥运会的田径赛场上拿下了一枚个人金牌，直到最近，他仍是在任何国际赛事中唯一一个获此殊荣的印度人。尽管民选政府鼓励每个印度人跑步，但也只是做做样子而已。

第二天早上下起了雨。先是黑云遮天，预示大雨将至。吃早饭的时候，细雨开始飘落。质控工程师给我打电话，说他派了一辆车来接我，司机会带我参观几个旅游景点。雨一直不停，所以我叫司机开车在城里随便转，这样我可以拍一些车窗外的风景。然而最后他带我去了一座有 500 年历史的佛教寺庙，质控工程师也去了那里。他极力向我解释，这是当地最古老的寺庙之一，在这里祈祷、许愿是很灵验的。

我注意到，这里也遵循着印度教和伊斯兰教结绳许愿或起誓的传统，数百条悬挂起来的绳子上记录着信众们秘密许下的愿望和誓言。有巨大的香炉供烧香使用，这种仪式在所有宗教派别中都是通行的，但这些教派起源各不相同，教义也可能相互对立。

在神像前下跪也是印度教的祈祷方式，但佛教的跪礼和印度教稍有区别。我看到佛教徒跪在铺了垫子的矮凳上，面前是释迦牟尼的神像。他们像我们印度教教徒一样，也会绕着圣地转圈。墙上的雕刻和印度寺庙里见到的很像。神像中有一个长了很多手的女神，我听说这是观音，或者叫观音菩萨。印度的女神也是这样被描绘的，许多的手象征着她们有无穷的神力。我找到了对观音最恰当的解释："观音"一词来自佛经，意思是超越存在和消亡的界限，返归纯粹和安宁。这与吠檀多（印度哲学的一大派别）关于自我实现和统一的观念何其相似。

寺庙占地很大，安放了很多盆景，此外还有漂亮的花坛。进入寺庙要收 10 元门票，票价对当地人和外国人一视同仁，而印度不是这样。这座寺庙最著名的是它匠心独具的雕塑，它有五个庭院，进入正门后是东院，而经书藏在北院的主楼上。

因为下雨，尘土涤净，城市看起来干净了许多。清洁工很早就上了街，收垃圾的卡车也在周围工作。我想借此告诉印度同胞，每个城市都会产生垃圾，但在不同的国家中，市政部门的意向、公民意识、政府的行政效率却可以有天壤之别。

我不会一味指责政府，减少制造垃圾和正确处理垃圾也是每个市民的责任。莫迪发起的"清洁印度运动"已经开始，而"与我无关"的观念却泛滥得像满满一桶垃圾，以至于印度总理不得不主动号召公众参与进来。为了表示团结，一些名人已经公开拿起扫帚，象征性地加入运动。莫迪打算2019年前让印度在清洁运动中焕然一新，但这很可能只是痴人说梦，除非每个印度人都能加入进来。

在武汉的十字路口，我看到公众都自愿遵守交通规则。有年纪大的市民和手持小红旗、头戴小红帽的学生在路口引导交通，这些劳动应该都是没有报酬的，但任务分配给了他们，他们就做得非常认真。

在印度，昨天早上我在公园里散步，看到一些人捡拾垃圾。这是"莫迪效应"。这说明我们印度人不是不关心国家，不是不想让国家更好、更清洁，也不是没有国家荣誉感，我们只是需要一些引导、一些鼓励、一些支持来激发我们心中的善。一个人最终成为圣人，还是成为自杀式袭击的制造者，取决于牧师、教师对他进行怎样的教导。听过一个开明者、圣人、好的演讲家或者领导者的演说之后，我们都会感到身心放松，如释重负。

中国的园艺部门做得非常出色。路边所有的树和树苗都被打理得很好。去年我刚到中国的时候，被分配在秀山岛的船厂，那家船厂只有5年的历史，根据我向同事了解到的情况，过去那里只是小渔村和沼泽地，此外什么也没有。因此所有的路都是新修的，路边栽植的树木都是纤弱的。有一次风暴来袭，一夜之间的工夫，5公里的新建公路两边的树木就全部东倒西歪。不过，傍晚乘车回酒店的时候，我发现所有的树苗已经被重新扶正，并且用三脚架做了支撑和固定。

　　而在印度，这种固定支架将会被偷走，购买支架和扶正树木所需要的资金将会生成一张大额账单，交易合同将会私下里送给一个有利可图的承包商，承包商回报给相关官员的则是高额贿赂。树苗在风暴中受灾后，除非某个极其重要的人物第二天就要从此经过，否则没有几个月的时间不会被过问。我不好评论中国政府的廉洁程度，因为我对此没有了解，我所知道的全部是，近几年印度在全球清廉指数排名中的位次一直排在中国之后。

　　在印度，如果风没有收受贿赂，一片落叶就只能纹丝不动，落叶动了，骗局就开场了。骗局败露之后，大量的政府部门会调查叶子为什么会动，是如何动的，争论会一直持续下去，直到季节经过一个轮回，又有刚刚枯萎的叶子落到地面，引发新的指控和调查……

　　对待腐败问题，中国和印度的主要区别在于，在中国，无论受到指控的官员级别和职位如何，一旦事发，被起诉是一定的，罪行严重的可以判处死刑。如果在印度能够实行这种严格的刑罚，半数不检点的官员都会在一夜之间改邪归正。

　　关于中国的盗窃我也有话说，我在中国的时候，我和其他一些同事会在洗手之后把肥皂忘在洗手间，只是几分钟的工夫，肥皂就会被人拿走。而在印度，肥皂盒可能会被人偷走，但不太可能丢失一块用过的肥皂。另一个可以显示人们偷窃心态的事实是，中国人的船厂里经常丢失自行车。我和我同事买的自行车，每次用不了几天就会被偷走，不管用什么样的锁，锁上的链条都会被切断。考虑到我的这些遭遇，认为中国的国民道德指数较高恐怕不妥。只要有机可乘，一些中国人比印度人更容易做背德之事。

我相信，由于印度人的成长深受宗教浸染，我们的内心仍然能够分辨对错与善恶，至于现在的中国人如何判断是非，我不甚了解。然而，当我看到印度的大众为冒牌的神人所愚弄，我希望有什么办法能够让真正的宗教与教条主义划清界限。

人们应该接受正确的观念教育，应该视宗教为美德的哨兵、指路的明灯，宗教应该是一种工具，我们可以借助它控制贪婪，教人去爱、去忍耐，培养毅力和宽容，与地球上的其他生物和谐相处。而现在的宗教已经成为空洞的形式、盲目的不容置疑的坚持，以及对不同信仰的仇恨，它与宽容对立，与贪婪为伍。

从武汉回上海，飞机降落后，我决定坐磁悬浮列车去市中心，本来要1个小时的车程可以缩短到9分钟。上海磁悬浮引进了德国公司的技术，并且是德国公司的首个产品。我坐过的最快的列车是印度的拉吉达尼（Rajdhani）快车，它的平均时速达到每小时120公里。莫迪承诺让印度人坐上子弹列车，并且为此与日本和中国签署了若干协议。

有梦想是好的，有宏大的梦想就更好了。拥有梦想是我们每个人的权利，但有这种意识的人并不多。莫迪似乎是一个有梦想的人，他在古吉拉特邦做首席部长时就证明了这一点。领导一个国家远比领导一个邦更富有挑战，国家信任莫迪的能力，把票投给人民党，是因为期待看到一个首席部长也能够处理整个国家的事务。

对多数人来说，议会易主是不敢想象的事情，因为国大党掌控下的议会已经统治印度 15 年之久。但没用的总理曼莫汉·辛格领导的政府只是机会主义者的乐园，腐败联盟的伙伴，它像狗身上的虱子一样吸取国家的财富，而整个国家目睹一切却无力发声。更为糟糕的是，辛格并无实际权力，索尼娅·甘地才是政府的头号首脑，她说的话就是法律。甚至现在，她还计划着安排她的儿子拉胡尔·甘地做总理。

国家无意于指责拉胡尔甚至索尼娅，然而印度需要一个有远见的领导人，能够领导和激励这个国家，拉胡尔显然不是合适的人选，因为他根本不具有领导一个国家的天资。如果你看他的访谈或者听他的演讲，会觉得少了点什么。苏布拉马尼亚姆·斯瓦米（Subramaniun Swamy）先生是一个博学的人，也是强硬的亲人民党的爱国主义者，他在公开场合称拉胡尔为笨蛋。其他人可能不会这样严厉地评价他，只是心存疑惑，但多数人只是谨遵亚伯拉罕·林肯的名言："最好能够保持沉默，即便被当作傻瓜，也不要讲出所有的疑惑"。

与妻子再游武汉

　　我前后去了两次武汉，第二次我决定坐火车，我的妻子也与我同行。这次我们可以好好看一下中国内地。我们一早出发，去赶 6：48 的火车，我特意提到发车时间，为的是展示一下列车时刻表的精确程度。列车准时发车令人印象深刻，而当我发现列车不仅准时到达，而且进站时间精确到秒时，印象则又深一层。

　　上海虹桥车站距离我的公寓超过 20 公里。我们搭车去赶火车时，城市上空的雾气像唇间吐露的私语，出租车在城中穿行，面前景象的变换犹如在讲述一个梦幻般的故事。车站让我们惊叹，这是一座新建的高铁站，也是亚洲最大的火车站，总面积 130 万平方米。中国高速铁路网的建设速度堪比列车的速度。

　　除了工程的进展速度，值得称赞的还有，自从 2007 年 4 月 18 日高速铁路在中国推出，中国的高速铁路网就成为高铁技术在世界上最大的应用之一。截至 2013 年 12 月末，中国高铁升级或新建轨道并投入运营的里程数已经达到 11000 公里，其中京广高铁全线 2298 公里，是世界上运营里程最长的高速铁路。

　　更为引人注目的是，自高铁在中国投入运营以来，仅在 2011 年出现过一起造成重大人员伤亡的事故。事故发生后，针对事故的调查随即启动，负有责任的失职者受到了正义的审判。极少发生事故证明了工程的质量。

在某个印地语新闻频道近期播出的一则新闻报道中，我看到7号电池像竖在地上的柱子一样竖在车厢地板上。而在中国的时候，电视里报道过高速列车的初次运行，在演示车厢内的平稳程度时，有人把鸡蛋放在了列车内的桌子上，而鸡蛋像沾了胶水一样纹丝不动。

印度的电视报道会展示车厢内的清洁，以及只在列车上提供的包装食物。仅在过去的一年里，印度的列车上就发生了很多火灾事故，但直到现在，每一趟长途列车上都有配餐车，做饭的炉子使用的仍是液化石油气。燃气瓶不仅装在车上，而且可能就堆在厨房里。现在列车上的餐饮由承包商供应，这些承包商根本不会考虑食品质量，委婉地说，列车上供应的食物很是可怜。承包商通过贿赂政府官员拿到合同，同时也会得到庇护。

和中国不同，印度的列车上不提供免费的热水。除此之外，像城市的街道上一样，每节车厢里的过道上都站满了小商贩，他们肩上挎着或头上顶着装着商品的篮子。他们做生意的方式就是待在火车车厢里，从一站坐到下一站，一次"商务旅行"可能要一个月。

所以我会说，在看到虹桥站之前，我从没见识过这样让人惊叹的火车站，它实在比我见到的任何机场都要好。尽管我已经对中国公共场所的清洁习以为常，但这里的清洁程度让我不知道该说什么才好。本来足够光洁的地板也有人在用吸尘器清扫。

　　子弹头列车也令我感到惊叹。我认为它是子弹头列车（D－动车组），但其实不是，它是一列高速列车（G－高速动车）。在中国，所有的长途高速列车时速都在 250 公里，而且铁道部门已经决定提速到 300 公里每小时，这个不可思议的速度在一些城市之间已经实现。

　　列车准点启动后即飞快提速。电子屏上显示的速度让我目瞪口呆、喉咙发干，我担心列车会以第二宇宙速度飞出地球。不过还好，不断跳跃的数字最终停在了每小时 250 公里。列车在加了围栏的高架桥上飞驰，车窗外看不到任何垃圾。经过车站时，也没有看到小商贩。

　　来自武汉的李娜赢得了法网公开赛的女单冠军，她是中国最著名的网球运动员，如今也是武汉的一张名片。她在法网获得的荣誉是亚洲人的第一次。我敢说，她的成绩会极大地促进网球运动在中国的发展，更多的中国选手将很快出现在国际网球赛事的赛场上。

　　中国人对待工作真诚、专注而且勤奋。在中国生活三年，使我得以近距离地观察和了解他们。关于如何赶超中国我们讨论了很多，但如果讨论能解决问题的话，我们肯定已经把中国甩在了身后，因为我们印度人素来多嘴多舌。

　　印度人对板球的热衷超过其他一切运动。不过我们热衷的不是板球运动本身，而是它能带来的经济收益。所有的炒作都是为了赚更多的钱，因为有大量的投机活动寄生在板球运动上，你可以在每一个球上下注。现在的 IPL T－20 已经彻底商业化，IPL 是印度板球超级联赛，T－20 是一种赛制。实业家和电影大亨都在其中投入巨资，球星的身价可以让最强大的心脏瞬间变得孱弱无力。

我这次去李娜的故乡武汉仍是因为公务，下火车后我们直奔酒店，我把妻子和行李留在酒店，自己去工厂完成工作。我是这样安排时间的：第一天晚上的一些时间以及第二天的半天时间，我都是自由的，可以和妻子在城里转转、看一些旅游景点。质控工程师告诉我，武汉大学有很多来自印度的留学生。

傍晚，质控工程师领我们看了几个地方。这里的跳蚤市场犹如孟买的街头，路两边都是做生意的小商贩。我们被一个疯疯癫癫的胖男孩跟踪了，他英语讲得很好，但除此之外没有什么值得一提。美食街狭窄而且拥挤，中国的传统美食味重，有些外国人可能接受不了。我们从美食街走到江边的一处堤岸，大概是当地人流行的聚集地，人很多，天气潮湿、炎热。这里和上海相比要脏得多，但还是比任何一个印度城市都更干净。

第二天我们看了一座塔，塔建在一座小山（磨山）的山顶，站在山顶上可以俯瞰东湖迷人的风景。质控工程师还带我们去了一座古典风格的公园，除了我们，这里只有两个游客。可能武汉不像北京和上海那样能吸引众多游客。如果不认识中国人，想在中国旅行几乎是不可能的。虽然这里住宿方便，中餐也可口，但旅游业并不针对海外游客，因为语言是最大的障碍。

　　就像在印度一样，如果没有官僚习气的阻碍，中国还有数以百计的地方可以开发为旅游景点。人们总是过于信赖权力，认为某个领导人可能与众不同，但无论是毛泽东还是莫迪，他们像我们普通人一样，终究也要面临死亡。死亡是生物存在的终极真相。不管你是一个牧师或是一个异教徒，是罪人还是救世主，你的肉身都只不过是你临时寄居的躯壳，终将归于尘土。我们欣赏精致的石刻、绝美的创作，它们缄默不语却能道出一个同样的事实：只有伟大的创造能免于消亡，而我们每个人都将被时间遗弃，所有人的名字和声誉都会在遗忘世界无尽的黑暗中失落。

　　司机和我们分开，大概一个小时后又来接我们。雨下得非常大，好在只是断断续续的。我们之后去了另一个景点，也就是坐落在蛇山上的黄鹤楼。司机不停地看手表，我们的火车是下午3点半左右，我们最多只能玩到2点半。他替我们雇了一个导游，是一个年轻的姑娘，英语讲得很棒，带着浓重的美国腔，我们跟着导游参观了博物馆和塔楼。

　　关于黄鹤楼有一则传说，传说中楼的建造者是武汉当地一家酒馆的店老板辛氏一家。说的是，有一天，一个老道寻到辛氏酒馆的门前，想讨一些酒喝。辛氏没有理会，倒是他的儿子乐善好施，分文不取招待了老道。老道在酒馆蹭酒，一蹭就是6个月，没掏过一文钱。酒馆老板的儿子如此款待他，叫他非常高兴，老道把年轻人拉到身边说："我应该回报你的好意，我在这面墙上画一只仙鹤，它会遵从你的吩咐起舞。"众人听说辛氏酒馆有仙鹤起舞的奇观，一窝蜂跑到酒馆去看，因此酒馆的名气越来越大，生意越来越好，辛氏一家很快变得非常富有。他们饮水思源，建造了黄鹤楼纪念道士。

现实中，唐朝时众多大诗人题诗赞颂黄鹤楼，令其声名大振。明清时期，黄鹤楼劫准重重，多次被毁和重建。黄鹤楼的顶部覆有10万件黄色琉璃瓦。我们在展厅里看到很多奇形怪状的石头，如此之多的石头艺术令人叹为观止。

我们往回走的时候，发现司机正在焦急地寻找我们。路上交通拥堵，他担心我们会赶不上火车。我们的车子开到站外停稳的时候，离火车发车只有10多分钟的时间，而进入车站，立刻卷入到人海之中。我们不是第一次在人群中穿行，但没想到会拥挤到这种程度，虽然没有吵闹和混乱，但人数不会比在孟买和新德里看到的少。我们的时间不多了，简直是分秒必争，幸好我们没有再慢一点，上车后我们大出了一口气。

第十章

告别上海

▷ ▷ ►

离开上海去泰州

2010 年 9 月底，最后两艘船中的一艘被交付。因为只剩下一艘船了，我的合同就要结束，所以我开始收拾行李，准备回印度。之后的一天，我偶然接到一个电话，是一家泰州船厂打来的，我果断抓住了这个机会。我甚至不知道新的船厂在哪，我只是想留在中国，因为我已经爱上了这个地方。

"如同几百年来前往中国的众多访客一样，我日益钦佩中国人民，钦佩他们的坚韧不拔、含蓄缜密、家庭意识和他们展现出的中华文化。"这是亨利·基辛格在《论中国》（*On China*）序言里写下的一段话，我深表认同。（引文选自中信出版社2012 年版《论中国》）

10 月，我姐姐和她的先生以及我表妹和她的先生来上海观光。两位女士都是纯粹的素食者，她们代表了一半以上的印度人。而我从维基百科上看到，有肉吃在中国仍然被视为生活富裕的标志，只有 4% 到 5% 的中国人是素食者。我曾经随一个阿富汗的大副一同出海，他在谈到这个问题时会说："我为什么要吃蔬菜？我又没有生病。"可能在他的国家，素食是生病的人或者身体恢复中的人的专享。

他们到上海的确切时间是 9 月的最后一周。我当时还不知道在中国 10 月初有一周的假期，不是旅游的好时候，等我知道，他们已经不可能重新安排行程了。我带他们在上海蜻蜓点水地转了一下，之后决定带他们去湖州。我自己也没去过，我们的秘书 May 女士告诉我，假期去那里是一个大错，但我除了假期，没有别的时间能陪他们。

网上订车票有中国同事帮忙，到湖州花了我们两个小时。那里的确非常拥挤，在公园里快步行走都很困难，导游手里有日程表，看起来根本不可能完成，除非他带领的旅游团是一群耐力过硬的马拉松运动员。不巧的是，团里有四个人喊关节疼，不理会导游的劝说和请求，但导游不能丢下他们，因为他们都是外国人，要是在这里迷路，没有警察的帮助，怕是永远都回不了上海了。导游必须让大家走在一起，这是个不小的难题，所以我们不时就能看到他在前面等我们，脸上总是挂着闷闷不乐的表情。

他说了什么，我们一句也听不懂，所以我们对他的扩音器不感兴趣，但是我们得时刻盯着他手里的旗子，因为与旗子失散对我们来说就是灾难。这种危险发生了很多次，但最后我们总能跟上导游。而对他来说，在一天之内领我们参观整个湖州越来越像一个不可能完成的任务。

旅游业在中国非常火热，但对于外国游客来说，他们来中国很可能是因为看了网上的那些旅游广告，广告上通常是笑脸相迎的画面，但实际上，针对外国人的服务还非常欠缺，谈不上服务的质量如何，因为连服务种类和数量上的选择都很少。

10 月 14 日，我离开上海去泰州工作。上海距离泰州375 公里，乘大巴大约只要 4 个小时，驾车可以减少到 2 个半小时。我的目的地是泰州的高港区，到那里的第一天我住在丽都酒店，我的同事在帮我找房子，所以第二天我就搬进了公寓里。毕竟已经在中国生活了两年，我不再对这里的清洁和有序感到大惊小怪。但最近我回了一趟印度，巨大的反差给我带来了深深的痛苦。除了写写文章，我无处表达我的气愤。

高港是一个小城。我居住的新区差不多才诞生 6 年。中国有成百上千个这样的新城区，因此在住房和道路等基础设施上的投资数额惊人。大量新建的住房等着被购买，但有钱置办房产自住的人并不多。高港的规划至少可以满足未来 50 年的发展，单看道路，三层绿化带镶嵌在六车道的公路和自行车道、步行道之间，一去数里。所有居民小区的路面都是水泥浇筑的，居民家中的水、电、气 24 小时不间断供应。在某些少有人居住的地方照样有新建的住宅楼，有雄伟的跨河大桥，从这一点来看，下一个 100 年都未必需要担心发展受限。

职业问题

　　中国的普通人仍在紧巴巴地过日子，这里的生活成本比印度高，教育昂贵，我在周边几乎看不到有多少学校。在印度，即便是在一个很小的镇子上，早上你能在路上看到上百辆校车，但在这里几乎一辆也看不到。有一天我的翻译告诉我，她长大的镇上只有一所中学，我感到大惑不解。又有一天，我们一起去一个临近的城市，她把她就读的高中指给我看。她的高中离家将近 20 公里。她才 24 岁，我听她说，她家周围至今也没有别的学校。

　　我在中国坐过汽车、坐过火车、也坐过飞机，去过很远的地方，行程几百英里是有的，但我几乎没有在城市的郊区见过破败的棚屋。我也没见过乞丐和小孩在寺庙外面排队领免费的食物，或是在马路上向行人伸着双手。老人和年轻人、男人和女人都在为生计而工作。在上海的时候，有人告诉我，穷人不是没有，而是他们进不了上海。在上海也许是真的，但高港是一个小城，管理部门不会专门派人随时把乞丐拖出城外。我每天都会出城，因为船厂在 20 公里以外，但无论在路上还是在郊区，我都没有看到乞丐居住的棚屋。

　　我认为这里追求学术职业的人不是很多，教育很昂贵，大多数父母都无力供养孩子读到大学。因为这个原因，很多孩子只能去学习职业技能，但这也正是中国所需要的。强大的劳动阶层使得中国产品以无可匹敌的低价在国际市场上大受欢迎。学习成绩优异的孩子则会被政府选拔录用，成为国家智库的一部分。总之，中国有优秀的、高技能的劳动力，也有一帮聪明的政府决策者。

最近，莫迪提出了对技术工人进行技术考核、给予认证的问题。他认为国家应该认识到他们的潜能，因为完成"印度制造"的国家使命需要这些技术型的劳动力。中国有职业技能的训练，但在印度，承受压力的是传统教育。即便学习不好的孩子也不会去训练技能，因为技术工人得不到社会的尊重，而拥有学历就不一样了。

中国的做法和印度的做法完全不同。英国人需要廉价的职员协助统治者的工作，毕竟只是处理一些文件，从印度本土搜罗这些人要比从英国招纳更划算一些。现在英国统治者走了，但我们培养的仍然是一些廉价的、难当大用的职员，这些人用母语都不能正确地写好一个句子，更不要说用英语写作。一个简单的加法算术题就能难倒他们，给他们颁发学位的很可能是某个不知名的学院，该学院很可能附属于某所不知名的大学，但毕竟他们拿到了学位，因此他们认为自己将成为跨国公司的管理人员，做一些低微的工作则有失身份。

如果他们来自落后阶级，受益于民选政府的配额制度，而且被公共部门的公司董事会或政府高官看中，他们就不需要找工作，他们只要参加公务员考试（IAS，印度行政官员选拔考试）就够了，这样有一天也能谋个一官半职。我就认识这么一个人，他是一个副局长，他的住所属于我妻子的叔叔，当时我和妻子新婚，住在这所房子的配房里。有一次我爸爸来看我们的时候见到了他。

后来我爸爸告诉我，他一开始只是基层职员，大概是20年以前，那时候他连起草信件都搞不定，但重要的是他通过了公务员考试，现在已经是副局长，而我爸爸苦干一辈子只做到会计主任。故事还没有结束，这位副局长有个儿子，年纪和我一般，有一天他告诉我，他已经通过了警察局的考试。我向他表示祝贺，但他说，他爸爸对他说："进警察局有什么卵用？你得参加公务员考试。"

我确信今天的他已经在某个部门身居高位。政府毕竟是属于他们的，低等种姓的古贾（Gujar）人和政府的谈判并不是徒劳无功的，曾经他们在铁轨上一坐数月，让火车动弹不得，为的是能够被政府认定为落后群体。他们知道他们正在输给米纳（Meena）人，更早之前，米纳人被认定为落后群体并得到了配额的福利，而他们一无所获。我有一个高等种姓的朋友，却通过拿到落后阶级（Backward Class，简称BC）的假冒认证得以入读医学院，之所以能够取得认证，是因为他们贿赂了腐败的政府官员。

但是对穷人的孩子来说，拿到政府配额和毫无价值的学位又能如何呢？他们的父母供不起学费，他们只能贷款读书，身上背着负担和歉疚，但毕业后没有工作等着他们。他们也不能指望被政府选拔录用，因为没有能力行贿，后门对他们来说走不通。即便运气好进入体制，兢兢业业地工作，他们也很难在腐败的体制中得到一席之地。但如果他们被适当引导，选择学习一门合乎自己特长的职业技能，他们可能做得很好。如果他们继承父辈的职业，还有可能超越父辈，做出一番成就。但正如我前面所说，靠技能吃饭的人在印度不能指望得到与知识阶层同样的尊重和地位。想象一下，一个社会公认的"体面人"肯和他的司机、修理工同桌用餐吗？

我们都知道这不是圣雄甘地希望看到的。对于政府的配额政策，只要你能告诉我一个它帮助一个聪明孩子的例子，我就能告诉你它的一百个失败之处。的确有阿南德·库马尔这种人，他帮助一些寒门学子考入了著名的印度理工学院，但这种人并不多。他曾对此作出解释，他能为准备印度理工学院入学考试的学生作辅导，是因为他的父亲能承担这笔费用。他获得了剑桥大学的入学许可，但由于父亲去世和经济条件的原因未能就读。

船厂的安全防护

我在船厂是做现场检查的，不是在舒爽的空调房内工作，我得出现在轮船的建造现场，这意味着散落在船厂各处的车间我都要去检查，这些车间分别负责一条船的不同部分。有时候去这些车间检查是要冒危险的。中国人的安全标准怎么说都比印度好，但从国际上来看还是很糟糕。印度人在工程、生产上的安全意识正在增强，但我们要走的路还很长。我不知道中国的情况如何，印度有很多安全事故，但也有很多抗议和示威。

如果某项工作没有达到相应的安全标准，我们会抗议、拒绝去工作，但我们的争取得到的结果常常是一些象征性的改进，而且用不了多久，又会走到老路上去，到头来只是兜了一个圈子。就像我在船厂的检查工作，在我检查的时候，不可能指望附近的工作能够停下来，或者封锁现场、留出特定的安全通道。

说说容易，做起来很难。为了到达检查现场，你得穿过一片区域，而这里正进行着大型的切割、焊接、安装或者设备移动。轮船是多层结构，如果你在低层做检查，高层的工作不可能暂停。所以有时候为了工作，我们不得不无视焊接时落下的火星。现场的地板一般比较脏，可能抹了油和水泥浆，你得小心翼翼的，防止打滑或摔跤。你还得小心撞到角钢、梁柱，或者被锯齿等尖锐的物件扎伤。有很多次，我都侥幸躲过了可能的伤害，印象尤其深刻的是，有一次我差点失去平衡，最终在千钧一发的时刻捡回了一条小命。

我刚刚接触船运行业的时候，戴工作手套会被看作是一种炫耀。只有一些总工程师在机舱工作的时候才会戴手套。公司甚至不提供手套、头盔、耳罩之类的基本安全装备。我患有重度听力损失，遗传是部分原因，而主要原因则是在高噪声环境中工作不戴耳罩。我指的是轮船的机舱，我大部分的工作时间都待在那里。

我第一次注意到安全防护的重要性是在日本，当时我们的船在港口，要进日本船厂的干船坞做维修。船只进港后，船厂的安全队令我们非常惊讶。他们用带子和指示标志对各个区域精心地做了标记。每个上船工作的日本人都有全套的安全防范和保护。因为他们不懂英文，出口的路线、最近的灭火器和报警装置都用日语做了指示。除此之外，只要遇到高温作业，安全员都要做事先检查，确定符合作业条件。

从事高温作业的人员都会带着手提式灭火器，以备紧急需要。不幸的是，就是在这样的安全意识下，20世纪70年代，在日本的另一个干船坞发生了一起机舱起火事故，出事的轮船是我们的姊妹船，当时正在进行维修，四名日方人员由于未能及时逃出而不幸殒命。这件事情并没有引起世界的关注。

事后的调查发现，起火的原因是二管轮在现场学习气割——学习危险的气割，不考虑场合，也不考虑时间。我们会认为这很荒谬、很可笑，不符合日本人严谨和细心的形象。我自己也经历过一次火灾，当时我是船上的大管轮。火从电焊发电机而起，当时这个设备正在修理，焊接工丢下正在工作的设备去吃晚饭了。

因为当时已是深夜，机舱里只有当班的工程师。他闻到烟气后立马通知了我。我沿着狭窄的通道跑进机舱，又顶着浓重、呛人的烟气到达了控制室，试图关掉辅助发动机。我记得当时我成功地将发动机置于空载状态，但为了切断燃料供给，我还得设法搞定速闭阀。可惜我做不到，由于呼吸困难，我只能退了出来。不过，我今天还能坐在这里讲述我的愚蠢，说明那是我一生中最幸运的一天。我也知道其他一些人，他们不像我这样幸运，因为上帝没有给他们太多犯错的机会。

许多年过去了，人们的安全意识提高了多少？在印度，甚至现在，人们还会往事故伤者的喉咙里灌水，如果没有明显的外伤，人们会把他扶起来，甚至试图让他走路。没有人知道，这么做可能会直接造成受害者的死亡。如果你提醒他们，他们还会给你一巴掌，让你承认自己说话像个傻瓜。因为他们认为，水对于生命永远都是万能灵药，他们不知道也不相信这会让伤者窒息而死，他们也不知道，伤者站立后可能落下终生瘫痪，如果脊柱已经受伤还可能致死。

他们之所以一无所知，是因为学校里不教急救知识，社会上也从来没有传播常识的急救演练。我不确定中国的情况是否也如此，但我知道中国的事故现场更糟糕。我经常看到有人躺在马路上，没有一个人去帮助他们。我的中国同事告诉我，他们只是在等警察来拍照、做记录。可能这是警方的一般要求吧，但在我看来还是很荒谬。受伤者可能失血致死，却没有一个人上前帮助，没有人愿意用自己的车把伤者送到医院，都怕惹来麻烦。如果你是好心人，警察会反复地找你了解情况，你可能要跑几趟派出所，稍后还可能要作为目击者出庭作证。印度不会这样另类，印度人会同情和照料受伤者，当然他们很可能用好心办了坏事。

第十一章

在泰山

▷▷▶

印度同胞曼诺伊也在高港

我 10 月中旬到高港的时候，已经是夜长昼短，我下班到回家，天就黑了。一个外匡人在中国独立生活并不容易。在大一些的城市还好，至少有可能遇到懂英语的人，但只要出了城，你会发现 99.5% 的人听不懂汉语以外的任何语言。即便你运气大好，抓到一个英语听力过关的人，又会发现他讲英语的时候带着浓重的口音，任你抓耳挠腮，结果也只能是白白浪费了好运气。

印度人讲英语的口音是英国人嘲笑的对象，虽然有些印度人对英语的掌握和了解不比英国人差。事实上，正是由于发音习惯的原因，即便两个人使用的是同一种语言，也可能完全无法听懂对方的讲话。据说孩子大脑中的神经元靠声音信号发育，最终形成特定的模式。因此，一个孩子掌握母语最好的方式就是坐在母亲的膝头学习，它的效果几乎是不可能模仿和伪造的。一个人讲外语的时候总是会暴露身份，因为他没法完全遮掩母语的口音。

　　如果你要我评价中国人英语讲得如何，我会说你们真的很可爱，这不是恭维的话，更不是要取笑你们，虽然英国人一直在取笑我们印度人。与我们相比，学习讲英语对你们来说困难得多。我们印度人不怕白人的取笑，他们应该清楚，英语成为让我们引以为豪的母语已经几个世纪了。中国的城市里有很多人精通英语，但对他们来说，英语只是一门外语。

　　实际上，中国要在未来引领世界，并不需要依靠一门外语。中国人自己的语言就很完美，你们不需要学习英语、德语或是法语，照样能在各个领域做到出类拔萃。中国的领导人无论在哪，无论对谁讲话，他们讲汉语的时候都充满自信。

　　在高港，我不是唯一的印度人，一个叫曼诺伊的印度同胞也在这里，他的工作是船厂的另一个项目。我刚到高港的时候，就是他帮我在他的住宅小区里找了一处公寓，这栋公寓是新建的，我决定租下它。第二天从船厂回来我就搬进去了。

　　在中国，所有的酒店在结婚旺季都会被预订一空，夜夜满客。酒店大厅里，新人在伴郎、伴娘和朋友的陪同下迎接客人。我从酒店搬到公寓里时，反复从酒店房间里往楼下拖行李，我看到一个穿着抹胸婚纱的漂亮的女孩子在等候客人。我没法求助别人，不然我会雇一个人帮我搬运行李。

　　每次我从这个女孩子身边经过，都会略略品味一下她的美丽，同时也为她能忍受空气的寒冷而感到惊讶。我想告诉她她有多迷人，但我不能，这种时候语言不通的问题就来了，而这一次，我的语言对她是没有意义的，因为她在我看来就像是冰姑娘①的化身。为了炫耀一下自己的妆扮，这个姑娘对自己可真是有些无情。

在印度北方的冬天，当气温在冰点附近徘徊，也就意味着结婚进入旺季，你会看到女孩子们炫耀着她们昂贵的 Lehnga Cholees 礼服，用勇气战胜了寒冷。这说明当女孩感到冷的时候，她们敢于战斗到底。

曼诺伊来帮我了，有了他，我所有的困难迎刃而解，今后应该也不会遇到什么困难。第二天早上我们一起步行去候车点。曼诺伊从船厂回来的时间常常很晚，我们没法结伴，我只知道从上车的地方下车。不仅船厂的司机不知道我住哪，连我自己也说不清。

晚上回家会有一些小麻烦。六点是中国的晚饭时间，几乎没有什么人在路上闲逛。七点到八九点，吃过晚饭，你会发现很多人出来散步。傍晚在广场跳舞在中国非常流行，在音乐的伴奏下，人们可能跳着民族舞蹈，也可能做着健美操。

我沿着一条陌生的路往前走，路上连个鬼影都没有。到了一处花园的门口，我发现没法找到公寓楼。我掉头又往回走，进了一个社区，但看起来也非常陌生。有个人站在小区门口和门岗说话，我来来回回从他们身边经过好几次，所以他们知道

---

① 安徒生塑造的童话人物。——译者注

我迷路了。他们试着和我说话，但没有什么用，没有翻译我们没法沟通。那一天，我儿子从珀斯搬到悉尼去了，途中他的电脑被澳洲航空公司损坏了。他打电话来问我损失索赔的事情。我告诉他，等我回家后我会用 Skype 和他通话，但我不确定什么时候能回到家，因为我不知道自己在哪里，也不知道我住哪里。

　　你可能认为我夸大其词，但事实的确如此。我至少花了 6 个月才记住地址，之后我勉强能说出小区的名字"鸿翔御景"。打车的时候我对司机说了很多次，但还是没用，司机没有一次能听懂。中国人根本就听不懂我们的发音。你大概在想我需要一张写有英文地址的便条，打车回家时只要把便条拿给司机看一下，这证明你还是不了解中国。回家的唯一方法是自己把路线记住，如果你足够大胆，可以坐在司机旁边给他指路。不停地摇头是没用的，我们印度人用点头代表否定，摇头代表同意，中国人相反。

　　在街头徘徊了一个多小时后，眼看着就要在大街上过夜受冻，要么就是被请进警察局拘留所，但情况到底出现了转机，我打通了曼诺伊的电话。他问我在哪里？这是每个人都会问的问题，也是最该问的问题，但的确也是最让我犯难的问题。可以肯定的是我在地球上，也没有走出中国，别的就不要问我了。他叫我一直走，找到一个我能描述的建筑。谢天谢地，我在路尽头发现了中国银行的一家支行，还看到了它的英文名，我给曼诺伊打了电话，告诉他我在一个十字路口，并重点描述了这家银行。幸运的是高港没有孟买那么大，在孟买，每个路口可能有10家银行的分支。总之有惊无险，曼诺伊没费什么劲就找到了我。

我发现的问题是，这个小区的公寓楼看起来都差不多。很多天以后，我才知道我的公寓离小区正门很近。有一天早上，我和曼诺伊走了小区的后门。前门有一条小路可以到我的公寓楼，和曼诺伊一起回来时，他会带我走这条路，但我用了两周都没搞清到底该怎么走。

高港人的生活

第一个周日，约莫是正午，我像一个胆小的孩子出门探险。我得去一趟附近仅有的一家商店。这家商店卖一些日常用品，是一个妇女用车库经营的。但是商店关门了，而且回来的时候我又迷路了。小区里有很多栋楼，有个家伙在找自己的房子。没有人可以问，曼诺伊已经回印度了，身边也没有其他人。最后我看到一名十几岁的女孩子，我努力让她听懂，但还是失败了。不过她叫来了她的朋友，她朋友略懂英语，听懂了单词"six"，然后帮我找到了我所住的6号公寓楼。

你可能认为，我也可以伸出一个手掌和一根手指，是的，我也这样试过，但她没有理解。对一个中国人来说，一个展开的手掌和一根手指不代表任何意思，或者只有上帝知道他们如何理解，但肯定不能表示"6"。中国人想用手势表示"6"的时候会展开一只手掌，然后收起中间的三根手指，只伸出大拇指和小指。你以前知道吗？我以前也不知道。你想过没有，如果一个聋哑人只有一只手，而且不是中国人，他要用手势表示"6"到"10"该有多困难？外国人想知道中国人如何用手势表示各种数字，可以从网上学习。

我们的小区和一座漂亮的花园之间只隔着一条马路，花园里有音乐喷泉。小区隔壁有一家幼儿园。每天早上步行去公交车站等车时，我能看到父母或是老人送孩子上学，他们多数都骑着助力车或踏板车，很少有开汽车送孩子上学的。有一对双胞胎穿着同样的衣服步行去学校，他们的爷爷一路陪伴。我从没看见有哪个孩子乘坐校车或者机动三轮车上学。在印度，孩子们在机动三轮车里会挤得像沙丁鱼罐头，他们的母亲在家门外目送他们去上学，一路上把孩子交给司机照管。

虽然政府的计划生育政策已经有所调整，但多数中国家庭仍然只有一个孩子。他们说养不起更多的孩子。中国人花在照顾孩子上的精力很多，因为孩子是父母唯一的继承者，在中国父母眼里格外宝贵。孩子们穿着里三层外三层的衣服，大人经常骄傲地带着他们到处走。你可以看到孩子们站在踏板前面抱着妈妈、被妈妈的两腿围护着，或者坐在后面的车座上。

据我所见，在中国的小区里，每栋公寓的一楼都配有带卫生间的车库。因为我的小区靠近幼儿园，房东会把它们改造成厨房兼休息室以供出租，而有些家长为了方便照顾孩子会租下

这些房子。早上家里的老人会来这里做早饭，然后父母会带着
孩子过来，他们在一起吃早饭，之后老人会接管孩子，负责送
孩子去幼儿园再接回来。孩子全天都在大人的照管之下。孩子
的父母下班后，他们仍然在出租房里一起吃饭，然后回到各自
的住所。

　　白天老人会做一些活，例如给豆子、花生和玉米剥皮，
晒晒新收的谷物，要么就只是打打牌。他们用人力三轮车或
机动三轮车收庄稼，闲时也拉客赚一些外快。谷物从很远的
农田里收回来，然后摊在马路上晾晒。没有人坐在一边看
守，但我也没见有人来碰，令人吃惊的是，连小鸟也不来偷
吃，可能它们很清楚被抓到的下场。天气预报非常准确。准
确也是应该的，因为中国人会在 2 月到 10 月间种很多粮食。
收获的季节，路上会出现很多小型收割机，多得像三四月间
的白蝴蝶。中国不缺少劳动力，但自动化的机械遍布田野，
因为劳动力成本昂贵。

　　关于中国和印度的关系，以及我们的国家所面临的问题，
有个中国网友石先生和我有过沟通。他说得很有道理，我把他
的话放在下面：

　　　　现在多数中国人都没有把印度视为竞争对手。20 年
　　前有哪个国家认为中国是一个竞争者？至于未来，如果你
　　问我谁会与中国竞争，我认为是美国和印度。要知道人多
　　力量大，印度有大量的人口，我认为印度可以取得非凡的

成就，但无论是印度还是中国，最紧要的是提高人口质量。

　　有些印度人对我们的印象是我们恨印度，他们为什么会有这样的想法？也许是因为1962年的战争。在过去的60年里，我们和美国两次开战，和苏联也打了一次。我们恨他们吗？我们只恨一些日本人，他们在二战中杀了几百万中国人，甚至至今也没有表示任何悔意。

　　佛教是从印度传入中国的，中国寺庙中的一些神也来自印度。欢迎你们到中国来。作为一个中国人，很高兴你把关于中国的信息传送给印度同胞。我们都很了解美国，但我们中印两国之间却不甚了解，尽管我们是邻邦。很多中国人抱怨中国政府的腐败，但是我从很多印度的文章中了解到，腐败对印度的威胁似乎更严重。我可以告诉你中国政府是如何解决这一问题的，或许我们的经验能够对印度有所帮助。

　　1. 很多中国官员都会受贿，这是我们为发展所付出的代价。有很多方式可以了解政府官员的财产，比如互联网。很多政府部门的领导被抓，就是因为有人把他们的财产信息发到了网上。这些露富的愚蠢领导只能在狱中了此一生。两个月前，陕西省的一个领导被抓，原因是有人在网上搜索了他出现在公开场合的照片，进而发现他有12块名贵手表。

　　2. 政府部门领导的晋升不是靠投票，而是靠他们的政绩。所以他们虽然受贿，但也肯于苦干，对城市的发展做出了贡献。我想如果中国的领导也要接受选举，他们一样只会光说不做。

3. 中国实行的政策是特定地区优先发展，所以你看到中国的东部发展非常快。之后政府才有实力投资西部地区，帮助当地人民致富。

4. 现在如果中央政府要救济贫困人口，他们会直接把钱打到穷人的银行账户上，避免被地方政府截留挪用。

印度和中国都是领土大国，同时也是人口大国。我看到很多印度人说中国不民主。作为一个中国人，我认为这有违事实。

1. 我们不能直接选举领导人，但很多领导人都是穷人出身。只要努力学习、努力工作，再加上足够幸运，甚至农民的儿子也能成为中国的国家主席。实际上，只要能对国家发展做出贡献、让我们富起来，我们不在乎谁当领导。如果政府给我们选举的权利，我们真的知道选谁更好吗？我们不需要选举之前夸夸其谈、掌权之后碌碌无为的领导人。

2. 没有政策的允许，我们不能示威游行。但我们可以通过网络表达观点。实际上，现在网络是监督政府的有效工具。

3. 除了上面的两条，我们没有其他不民主的事情。

　　我认为印度应该找到符合印度特点的发展之路。西方
国家的发展和进步可以模仿，但没法复制，因为每个国家
都有不同的文化。这是中国模仿英国、美国和苏联之后得
到的教训。有时间我会去印度旅行，我发现我几乎不了解
印度。

　　石先生对印度和中国问题的分析非常好。中国和印度面对
的问题在很大程度上是相似的，但中国的进步远超印度，原因
是中国有更好的法律和行政命令，更多的问责，中国人更有奉
献精神和爱国精神。

当代中国根植于古老文明

　　没有哪个社会主义国家比中国做得更好，没有哪个民主
国家像瑞士一样和平且繁荣。所有国家的官僚体制都存在不
同程度的腐败，这也是很自然的事情，因为不存在绝对完美
的制度，权力所受到的约束总是有限度的，在这种不完美的
制度约束之下，人性的弱点多多少少会暴露出来。如果领导
人为国家着想、做了很多好事，公众会忽略这些瑕疵，而如
果当权者十之八九都在做蝇营狗苟之事，这个国家就是在走
向灭亡。

　　中国人确实沉浸在国家成功的喜悦之中，而且这种自豪感

带有历史的基因，中国的崛起和美国的崛起不一样，因为前者有着民族复兴的独特内涵，而美国是没有历史根脉的国家。冯友兰的《中国哲学简史》中说："中国人作为古老文明的继承者，在地理上与其他任何同等的文明古国相距遥远，他们很难理解，与他们自己的生活方式不同的人，怎么会是有文化的人。因此，不论什么时候，他们一接触到不同的文化，总是倾向于蔑视它，拒绝它。他们不是把它们当作不同的东西，而径直是认为它们是低劣的、错误的东西。"①

中国人的民族主义、爱国主义情结是显而易见的。人们都知道国际社会中一些国家对中国的人权记录评价比较低，但还是普遍同情政府、选择与政府站在一起。部分原因可以从历史中找到，比如在中国，对待一些错误行为的严厉刑罚在传统文化上被认为是正当而常见的。罪犯被判处死刑的过程、他们的反应、情绪的崩溃、请求宽恕、在无助中被执行的画面在电视节目中都有所展示。没有人觉得这样做有什么不合适。

好几年前，有一个大学生被判处死刑，甚至到现在我还时常记起他请求宽恕被拒绝的画面。他的名字叫药家鑫。他在一次交通事故中开车撞伤了一个孕妇，之后又对孕妇连刺数刀。也许事故之后他们之间有过一些语言冲突。他本来离开了现场，却又带着刀子回来了，想要杀人灭口逃避责任。他的罪行

---

① 见第二十七章，"西方哲学的传入"。

当然是极其可恶的，但他的悔罪和乞求并没能挽回自己的生命。关于这个事情，维基百科里是这样说的：由于他有悔罪的态度，看似很有可能免于死刑。然而在这一事件被媒体曝光以及在网上引来热议之后，多数网民都要求对药家鑫处以极刑。通过人肉搜索，中国网民得以发现药家鑫的父亲在西安是一个职位很高的军代表，这招来了更多的怨恨。一些中国网民倾向于仇视富人和有地位的人，无论他们是经商还是与政府有关系。不过，我在中国也看到有人因酒驾致人死命，同样也被判处了死刑。

在印度也有类似的受到高度关注的事件，但得到的定论与中国不尽相同。备受欢迎的电影明星萨尔曼·可汗以飞快的速度驾驶 SUV 连撞 5 人，这几个人当时在他们工作的面包店外的人行道上休息，而萨尔曼·可汗被指控酒驾。事故造成一人死亡，其他人受伤。在印度的夏天，看到人们把小床摆在人行道上并不是稀罕事，坦率地讲，人行道是很多印度人的住所。无论如何，法律赋予了每个人平等的权利。

可汗先生试图让自己从中解脱，拍马屁的警察也在积极提供帮助，但这些都不管用，他最终还是受到了肇事逃逸的指控。耐人寻味的是，事故发生在 2002 年，前后已逾 10 年，然而由于缺少扭转局面的证据和目击者，至今争讼未了。这是一个名人在人命案中免于获罪的经典案例，但比起著名的"宝马案"，只是小巫见大巫。

1999 年在德里，一位叫桑杰夫·南达（Sanjeev Nanda）的先生开车撞了 5 人，其中包括 3 个警察。当时他开着他的宝马车高速行驶，同样也是酒驾。在一个检查站被叫停时，据说他的车子失控，结果造成 6 人全部死亡。更糟糕的是，南达先生开车逃离了现场，并且清理了车子，试图毁灭证据。他是一个军火商的儿子，当时在沃顿商学院学习，出事时应该是回家休假。2008 年他被判定犯有谋杀罪，但最高法院 2012 年才继续审理此案，最终，最高法院为其减刑至 2 年监禁，同时处以巨额罚款，并命令他从事两年的社区服务。

印度官员"藏富有方"

世界各地都有穷人仇视富人或名人的现象，不过富人也恨穷人、瞧不起穷人或者为富不仁，应该说这两种现象互为因果。昌迪加尔当局动辄大搞拆迁，为的就是清除那些层出不穷、不断侵占城市土地、影响城市形象和公共生活环境的贫民窟。印度所有城市的周边都遍布着这种贫民窟。虽然不受城市当局的欢迎，但对于参加选举并希望成功获选的政治家来说，贫民窟却是选票资源的富集之地。所以政治家一般都会承诺，如能成功获选，将重点照顾这些穷人。这样的戏码在每次选举中都会一再上演。贫民窟的居民都是进城谋生的外来务工者，他们一般在富人家里做一些卑微的工作。

　　在印度，有人认为这是英国人或伊斯兰统治者的遗俗，或者你会把它与印度文化联系起来，但正如全世界所争论的，印度被强烈指责沉迷于种姓制度，自印度社会存在以来，穷人一直都是受富人家庭的雇用和役使。坦白地说，在古代甚至现在的某些高种姓家庭里，低种姓的仆人仍然不允许进入灶间帮厨。那些顽固的东家只允许高种姓的穷人在灶间做活，其他低种姓的穷人可能受雇做别的杂务，但碰不到锅碗瓢盆。

　　现在，随着观念、教育的进步和时代的变化，歧视文化在青年一代中已经有所纠正，而且，由于区分种姓是违法的，家庭雇用仆人的时候也不会谈到种姓的话题。在印度，几乎每个家庭都会雇用女仆和工人，有全职的也有兼职的，这一点取决于东家的财务状况、家庭的大小和社会地位。并不是所有高种姓的人都是富人，而且富人里也不是只有高种姓的人。在印度，种姓是与生俱来的，一些低种姓的人如果成为富人，也会有一定的社会地位，因此他们一般不会去做被认为低下的工作，免得失了身份。总而言之，印度的种姓体系纷乱、错杂，非印度人很难完全理解。

　　中国网友 Shi 先生说，通过领导人的炫耀和他们的生活方式，人们就可以知道他们有多少财产。也许，通过这种方式可以揪出一些幼稚的领导人，但老练的印度领导人和他们的下级官僚早有防备，对于如何隐藏多年贪污得来的财富，他们经验丰富，掌握着很深的门道。他们把钱存放在海外的安全之处，在公共场合则示人以斯巴达人的生活方式，就像一个著名的电影明星生活在电影中的角色里。

如果他们不幸被抓，并且见诸报端，他们会辩称自己遭到了政治报复。起诉也只会让他们更加高兴，因为他们会说"让法律去明断吧"，他们知道印度法院的司法程序有多慢，至少在有生之年他们不用担心法律能主持正义。如果案件交给印度中央调查局（CBI），他们也知道中央调查局一拖就是好几年，最后提交一份缺乏证据的报告，就此了事。即便特别调查小组（SIT）出马，他们也不必依靠运气，因为调查小组的成员不是朋友就是亲戚。

简而言之，每个印度人都知道政治家们拥有正当来源以外的财富，他们被视为窃贼，但与此同时，没有任何调查机构能够提供充分的证据，因此这些人总能逍遥法外。然而，由于印度人日渐觉醒的公民意识，以及互联网的普及，官僚贪污腐败等不法行为被曝光的机会也越来越多。

兰吉特·辛哈是不久前退休的印度中央调查局局长，在他退休之前的几天，最高法院禁止他干涉正在进行的煤矿骗局调查工作，他之所以进入最高法院的视线，是因为他想拦下针对卷入该案的一些人的调查报告。为了证明他的罪责，律师向法官出具了一份"访客日记"，这份文件记录了下班后到访他家的一些人。几乎所有被传卷入案件的人的名字都出现在了这份文件里。

仅仅因为一个人在公开场合戴名贵手表就判定他贪腐是不合适的，这就像责备一个人向空气中呼出二氧化碳一样荒谬。但是我常说，"如果小偷或罪犯当上了村长，妓女就可能当上总统"，而这正是印度的实际情况。让一个政治人物去服刑，或者剥夺他非法获得的财富，自印度独立以来还没有这样的先例，即便他已经在一桩与腐败相关的案件中被起诉。他们总能被保释，然后继续扮演政治报复的受害者，鼓吹自己是无辜的。

巨额财产来源不明、诈骗、挪用公款、官官相护，这些都是印度官僚身上的常用标签。追回海外赃款的呼声日渐高涨，这些钱被存在瑞士银行和其他外国银行里，银行不管这些钱的来源如何，一律提供安全的保管服务。而印度的政治家已经习惯以承诺追回赃款拉取更多的选票。这也是现任政府在大选前对抗国大党的主要观点之一。当时，现任政府指责国大党参与分赃，由于政府腐败，国大党在选举中落败，如今在野的国大党竟也开始声嘶力竭地呼吁追回赃款。问题是这笔钱不是一个小数目。维基百科对此事是这样说的：

"印度人存在海外银行的赃款总额是个未知数。有报道称藏在瑞士的总额超过 1.4 万亿美元。其他报道，包括来自瑞士银行家协会和瑞士政府的报道称，这些报道都是错误的、编造的，印度公民存在所有瑞士银行中的钱款总额大约是 20 亿美元。"

人们注意到了海外的赃款，却没有人谈论国内的赃款。印度大部分的商业往来和土地、房产的交易口都充斥着赃款。有一种非常常见和流行的支付方式叫作哈瓦拉（Hawala），这是一种基于口头承诺的非正式交易，是正规的银行汇款之外的一条地下资金流动通道。显然，这种交易的基础是互信。

如果你在印度，想兑换一些美元转给你美国的联系人，你要做的全部就是和中介谈好，然后等几分钟。几分钟后你在美国的联系人会打电话给你，告诉你钱已经收到了。就这么简单，剩下的事情就是履行约定，你把相应的印度货币移交给中介。没有银行的繁琐手续，也不需要具有法律效力的书面契约，但也不会出什么问题，而且哈瓦拉是一种古老的交易方式，几个世纪以前就已经像今天这样存在了。印度每天会发生数额上百万美元的这种交易，交易范围遍布世界各地。

印度教对于社会是乐观的

也许，大权在握的官僚为自己捞一点利益无可厚非，但怎么理解"一点"，看法可能因人而异。开明的印度诗人卡比尔（Kabir）有两句话："如果只有一只麻雀在河里饮水，河水是不会有所消耗的。同样，富人的捐赠也不会减少他们的财富。"其中第一句话很适合用在这里，第二句话是一条建议，如果世人能够遵循，世界将更加美好。把印度的政治家比作麻雀，就像把太阳比作手电筒的灯泡，然而这两句话的本质是超然于物质的。所有的腐败、欺诈问题都是因为人贪恋物质，沦为了物质的附庸。

每个国家都有自己的特点和问题。有各种各样的治理问题，原因可能是文化的多样性，也可能是地理上的、内部的省际关系、种族问题，或者是外部威胁，总之可能有上百个方面，人们一直在对这些问题进行研究和分析，以期找到解决问题的方法。如果将这些形形色色的问题进行归纳，得到的则是人类社会共同面临的一些根本性问题。

关于怎样把事情做得更好，如果让一群人参与讨论，争议、牢骚、针锋相对的观点都不会少。没有权力的普通人总是在批评政府滥用权力，但在同样的体制下，如果他们进入体制、拥有权力，很快也会成为其他人批评的对象。合理的批评是有益的，这种批评应该从公共利益出发，但我们常常会被一己之私所驱使，我们考虑的可能是个人的私利、社区的私利、阶层的私利，而战争则反映了人类对国家私利的争夺。所以，很难说自私不是人的本性。

印度教对于社会是乐观的。《薄伽梵歌》是印度教的圣经，它以宇宙永恒法则的形式定义了正义。第七章的第七节可能是这部书中最著名的部分之一，它所表达的意思是，每当社会沉沦的时候，神都会降临人世，匡扶正义。

结　语　中国的崛起承载着我的希冀

　　我在中国一直过得舒心愉快。2009 年 1 月我到达上海的机场，从那时到现在，我置身的是一个迷人的世界，它与我过去生活的世界截然不同。不仅与印度不同，与我到过的其他国家也不同。前面说过，我跟船去过的国家不算少，不管是美国、日本还是澳洲，它们都有不及中国的地方——你大概知道我要说什么，是的，中国的发展太快，这是个崛起的国度。

　　城市化推动着中国的崛起。我 2011 年 10 月头一次到高港，它还是个迷你小城，但它发展迅速。这样的小城在中国比比皆是，"中国速度"可以概括它们的飞速发展。这么跟你说吧，我现在居住的小区和过去居住的小区相距不远，有个幼儿园夹在中间，以前，我和妻子可以从卧室的窗子看到操场一角，现在换了公寓，整个学校都尽收眼底，重点在这里：过去 3 年，我发现这所学校的招生数量大大增长。

　　你没法不提中国人的勤奋。早上 7 点大人就把孩子丢在学校——早 7 点到晚 5 点，每周一到周五，学校就是孩子的活动场所。事实上，多数工厂和单位一周六天上班，商店白天都营业，不过周末。这种工作制度使中国完全不同于其他国家，顶多除了日本吧，日本人也是工作狂。去印度你就会知道，不管什么时候，你会发现多数人都是懒洋洋的、漫无目的，要么在闲逛，要么坐着晒太阳，要么在说闲话，反正浪费时间的方式不止一种。

我是个印度人，而不是美国人，我承认正是这个原因使我对中国的进步如此"敏感"。中国一直在冲刺，没到过国外的中国人也不会否认这一点，因为可以拿过去作比较。当然，中国现在开放了，你们可以读到外国人对中国经济的评价。现在你们读到的是一个印度人的评价：印度落后于中国，中国的高层以经济建设为中心，而印度内耗严重。实际上，如果我是个美国人又能怎样呢，中国的 GDP 高增长是个谜，连经济学家们也感到诧异，美国的经济学家怕是也不例外吧！

我也说过，印度人过去对中国的印象不是很好，大致的印象是穷蛮之邦，我来到中国后发现，现实和印象的反差实在有点大。我的意思是，大家需要相互了解，印度人还有进步的空间，中国也需要更加开放。如今网络已经侵入每一个家庭，在"地球村"，我们比父辈更能了解世界的实时变化，然而我在中国仍然发现，普通中国人的世界仍局限在国界之内。中国人的网络社交工具是 QQ、微博，而不是世界流行的脸书、推特，世界最大的视频网站 You Tube 也与中国人无缘。基本上大家都用中文交流，不懂中文就没法融入其中。

　　当然，如果不单纯拿经济说事，中国也有很多不及印度的地方。印度人的生活是慢生活，我们的工业化没有快到让传统社会措手不及的程度，没有对后者造成敲骨吸髓式的破坏，我们有宗教而没有拼命工作的文化，所以我们会把很多时间花在你们认为无用的事情上。也许我们还更开放，更崇尚自由。不过很奇怪，从经济的角度看，我们的优点完全不是什么优点，中国大概也一样，你们也是牺牲了一些东西，才换来经济的高速发展。

　　印度和中国的问题，有一些是共通的，比如官僚的腐败。不过共通之中仍有不同：中国的官僚是做事的，他们要做政绩，因此讲效率，尽管贿赂在其中充当润滑剂，尽管一些官员做政绩的目的可能是为了继续升官，便于捞更多的好处、更好地享受权力带来的优越地位。印度的官僚体系一样腐败，只是效率低下，因为他们需要集中精力为选票服务。民主为印度带来了个人自由，但也意味着官僚做事要瞻前顾后，意味着大量的决策要在争议中没完没了地拖延，这正是印度的现实。

　　我对中国是有感情的，这不仅是因为我第一次在印度之外的国家居留这么久，还因为中国有我的众多粉丝和朋友，更是因为我在中国看到了印度的明天，也看到了中印深入交流的潜力和可能性。对印度来说，值得向中国学习的地方太多了，我不认为印度能够超越中国，但中国是一面镜子，印度应该从中照见自己，找到自己前进的节奏。

是的，中印两国有着很强的可比性——都是人口大国，都是后发国家，都有着巨大的发展潜力，高盛的前董事长奥尼尔将中印纳入到"金砖四国"的小圈子中，而且他在 2015 年年初表示，如果巴西和俄罗斯的经济继续糟成一团，过几年就会被除名，他的原话是："如果未来三年巴西和俄罗斯还是这样，2019 年我就可能只说'IC'了！"我相信他说的是心里话，最起码他应该没有收受来自印度的贿赂。

我去过中国的不少地方，每到一个地方，我很容易就会因看到的事物去联想印度的情况是怎样的。这本身就说明印度和中国是很相似的，虽然我很沮丧，因为多数时候印度的情况实在不怎么样。我每每被比较中的反差所触动，尤其是两种时刻：我回印度休假、办事，眼前是印度的真实景象，头脑中是中国留给我的印象，反差触动了我；我从印度返回中国，"剧情"反转，反差再次触动了我。我对此有很多想法，其中一点是，印度起码需要有几座像样的城市，就像上海等中国的城市一样。

一个土生土长的印度人才会有这种触动。人们告诉我，只有为数不多的印度作者的作品被翻译到中国，原因是卖得不好。至于卖得不好的原因，我想是因为很多印度作者并不在印度居住，他们的写作与印度关联不大。我不是说我的作品会大卖，我当然希望如此，但是，我只能保证让你认识一个真实的印度。当然，这种真实可能还只是停留在整体印象上，印度的丰富内涵，需要你亲临其地去感知。

也许你会说，我在书中对印度的批评多于赞美。的确，印度给了我言论的自由，我的批评没有留情。我的想法是，如果批评能够使印度进步，无情又何尝不是有情。但对于中国读者和我的印度同胞来说，这多少是有些不公的：在很多中国人眼里，印度是神秘的国度，印度文化也自有其魅力，所以读者肯定希望我的文字能够最大限度地呈现印度之美，但是我没有；我的印度同胞一定也希望我的文字能多多"为国增光"，我也没有。

我对此感到遗憾，但我希望我的担心是多余的。印度当然很美，我对印度的赞美当然远远不够，这既是我笔力不逮的缘故，也是由于我的表达主题所限。我的想法是尽量做到客观的描述和分析，这就是为什么我也没有一味赞美中国。我的中国粉丝多数是学生，再者就是已经拥有第一份工作的年轻人，他们之所以喜欢在"三泰虎"论坛读我的文章，可能更多地是希望看看外面的世界，同时从我的描述中得到一些启发和思考。

作为一个外国人，我观察中国的视角对你们来说可能是新鲜的，我想这是此书最大的价值所在。你们习以为常的事情，在我看来可能是不寻常的。通常，我们会心安理得地享受已经拥有的东西，这倒也不是大问题，问题是我们常常为没有得到的东西而烦恼。我说这话的意思是，我一个外国人觉得中国很迷人，我希望你们中国人也会有这种感觉。我相信会的，中国像印度一样有各自的难题，但这不妨碍我们去感受故土美好的一面。

　　这是一部"行走之书"，而我在中国的行走还在继续，我的希望是还能更久一些。中国的崛起承载着我的希冀——未来的印度也会同样令人惊喜吗？

后　记

献给没有边界的爱。

并且感谢我所有的家人，热心人，亲戚，朋友和粉丝。

尤其要感谢我的姐姐琴德·基兰，她细心阅读了书稿，做了校订和修正。

感谢徐兵，是他第一次告诉我我有很多读者，使我受到激励，有了基于我的博客写一本书的想法。得知他收集了我发布的所有博客，我受宠若惊。他甚至尝试过把这些文章结集出版，并就这一项目向行政部门申请资助。

感谢"独角兽""安德鲁""肖恩·李"和"海洋"，他们一直在支持我。还有几百个这样的粉丝，他们热心地阅读我的博客，给我发送图片，向我讲述他们的家乡和他们工作的地方，感谢他们。我得向他们中的多数人说声抱歉，在他们发送给我的内容中，我发布的还不到 10% 。博客本身有规定限制，而且写作仅仅是我的一个爱好，我必须得工作，至少是为了能够继续在中国生活，就算我会说，我有足够的积蓄维持节俭的生活。

　　也必须感谢中央编译出版社，他们敢于把机会留给一个不知名的外国作者，让中国读者了解一个外国人的所思所想。

纳维·库马尔·巴克什